Schnitzler | Traumnovelle

Lektüreschlüssel XL

für Schülerinnen und Schüler

Dieses Buch wurde klimaneutral gedruckt.

Alle CO_2-Emissionen, die beim Druckprozess unvermeidbar entstanden sind, haben wir durch ein Klimaschutzprojekt ausgeglichen.

Nähere Informationen finden Sie hier:

Arthur Schnitzler

Traumnovelle

Von Rudolf Denk und Christel Denk

Reclam

Dieser Lektüreschlüssel bezieht sich auf folgende Textausgabe:
Arthur Schnitzler: *Traumnovelle*. Hrsg. von Sabine Wolf. Stuttgart: Reclam, 2021. (Reclam XL. Text und Kontext. 16130.)
Diese Ausgabe des Werktextes ist seiten- und zeilengleich mit der in Reclams Universal-Bibliothek Nr. 18455.

E-Book-Ausgaben finden Sie auf unserer Website
unter www.reclam.de/e-book

Lektüreschlüssel XL | Nr. 15543
2022 Philipp Reclam jun. Verlag GmbH,
Siemensstraße 32, 71254 Ditzingen
Druck und Bindung: EsserDruck Solutions GmbH,
Untere Sonnenstraße 5, 84030 Ergolding
Printed in Germany 2022
RECLAM ist eine eingetragene Marke
der Philipp Reclam jun. GmbH & Co. KG, Stuttgart
ISBN 978-3-15-015543-1

Auch als E-Book erhältlich

www.reclam.de

Inhalt

1. Schnelleinstieg

Erscheinungsjahr	1925/26 erster Vorabdruck in der Modezeitschrift *Die Dame* (Ullstein-Verlag) als Fortsetzungserzählung 1926 in Buchform (S. Fischer Verlag)
Gattung	Novelle
Ort und Zeit der Handlung	Wien mit den Schauplätzen Josefstadt (Wohnung), Schreyvogelgasse, Rathausplatz, Wickenburgstraße, Buchfeldgasse, Schönbrunner Hauptstraße, Kärntnerstraße mit den Hotels Erzherzog Karl und Bristol, Ottakring und Villenvorstadt Richtung Galitzinberg, Alserstraße, Allgemeines Krankenhaus, Leopoldstadt (s. Stadtpläne Abb. 1 und 2, S. 10 f.) Zeit: 1903/04 (s. Historischer Hintergrund, S. 8)
Aufbau	Von Schnitzler in 7 Kapitel gegliedert
Erzählperspektive	Neutrale Erzählperspektive in Kap. I wechselt ab Kap. II zur personalen Erzählhaltung aus der Sicht Fridolins. Seine Innensicht wird mit Innerem Monolog und Erlebter Rede wiedergegeben.

Historischer Hintergrund	Genaue Zeitangabe Schnitzlers fehlt, aber es gibt versteckte Hinweise auf die Zeit: • Habsburgerreich > Erzherzöge unter den Maskierten der Geheimgesellschaft (S. 73) • Aschermittwoch > Bericht im Abendblatt über »Heringsschmaus in den Sophiensälen« (S. 28) am heutigen Abend • 1903 > Konferenz zum Bau der Bagdad-Bahn (S. 28) • 1903 > Theaterbrand in den USA, wahrscheinlich in Chicago (S. 84) Diese Hinweise aus der Zeitungslektüre Fridolins sowie die Anspielungen auf viele Obdachlose und Prostituierte verweisen auf den historischen Hintergrund vor dem Ersten Weltkrieg in Wien (S. 121).

Die Erzählung umfasst ausgehend von einem im Rückblick berichteten Maskenball am Rosenmontag, dem letzten der Faschingszeit, einen Tag und zwei Nächte im Leben des Arztes Fridolin und seiner Frau Albertine. Diese »Redoute«, auf der jeder der beiden eine rätselhafte Begegnung mit Maskierten hat, löst eine Krise in der Beziehung des Paares aus, die zu großer Verunsicherung und – vor allem bei Fridolin – zu einer Vertrauenskrise hinsichtlich seiner Ehe führt. Das Ehepaar, das dem gehobenen Bürgertum um 1900 angehört, wird durch Andeutungen und Erzählungen von Träumen, die die erotischen Wünsche des Unterbewussten zeigen, tief erschüttert. Traditionelles bürgerliches Denken über die Rollen von Mann und Frau wird widerlegt durch die Erkenntnisse der Psychoanalyse, die in Wien Professor Sigmund Freud entwickelt hat und die auch der Arzt Arthur Schnitzler auf seine Weise bestätigt. Schnitzler formt diese Erkenntnisse in Erzählungen und Dramen um, zeigt komplexe Figuren, die durch das Bewusstwerden ihres Unter- und Unbewussten in ihrer bürgerlichen Existenz verunsichert werden.

■ Beziehungskrise, Hinterfragen alter Rollenmuster

Schnitzler entwickelt als einer der Vertreter der Wiener Moderne in seiner Literatur neue Liebes- und Beziehungsmodelle. Er zeigt, wie der Philosoph und Physiker Ernst Mach beschrieben hat,[1] dass das menschliche Subjekt keine scharf zu fassende Struktur besitzt, sondern nach vielen Seiten zerfließt und damit nicht zuverlässig fassbar ist.

■ Geistesgeschichtlicher Kontext

Schnitzler entwirft durch seinen medizinischen und psychologischen Blick auf die konventionelle Institution der Ehe ein neues Rollenverständnis der Partner im Experiment.

1 Ernst Mach, »Antimetaphysische Vorbemerkungen«, in: Gotthart Wunberg (Hrsg.), *Die Wiener Moderne. Literatur, Kunst und Musik zwischen 1890 und 1910*, Stuttgart 1981, S. 141–145.

Abb. 1: Stadtplan von Wien aus dem Jahr 1911 mit den vom Protagonisten besuchten Stadtteilen.

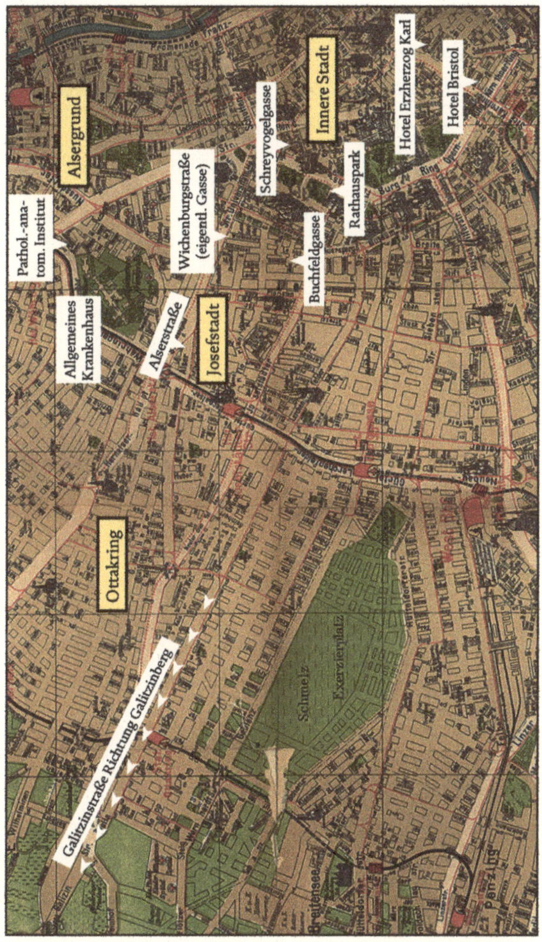

Abb. 2: Ausschnitt mit den Schauplätzen der Handlung

Formen unsicheren Erzählens

Er verwendet neue Erzähltechniken, die Einblicke in die Gedankenwelt der Figuren zu vermitteln scheinen, in Wirklichkeit jedoch uns Leser verunsichern und mit offenen Fragen zurücklassen.

2. Inhaltsangabe

Die in Wien um 1900 spielende novellistische Erzählung *Traumnovelle* von Arthur Schnitzler erstreckt sich zeitlich über zwei Nächte und einen Tag, genau 34 Stunden, im Eheleben von Fridolin, einem Arzt, und Albertine, die beide durch eine Krise zu neuen Erkenntnissen ihrer Beziehung gelangen. Die erzählte Zeit läuft nicht chronologisch ab. Die Chronologie wird mehrfach durch Rückblicke auf Vergangenes und Träume durchbrochen.

Kapitel I

Die Erzählung beginnt um 21 Uhr mit einem Märchen, das auf *Tausendundeine Nacht* anspielt. Die etwa sechsjährige Tochter des Paares liest als Gutenacht-Geschichte den Textanfang vor, bis das Kinderfräulein die Kleine ins Bett bringt. Die Eltern blicken nun auf einen Maskenball am Vorabend zurück, auf dem jeder von beiden kurze aufwühlende Begegnungen mit maskierten Teilnehmern hatte. Sie entziehen sich jedoch den Versuchungen der Maskierten und genießen im Buffet einen schönen Abend wie zwei frisch Verliebte; zu Hause erleben sie eine Liebesnacht wie schon lange nicht mehr. In der üblichen Routine läuft der darauffolgende Tag ab, für Fridolin als Arzt und für Albertine als Hausfrau und Mutter. Die in der Abendunterhaltung aus dem Halbbewussten schattenhaft auftauchenden Maskierten der Redoute lösen

■ Analepse auf die Redoute des Vorabends

durch Andeutungen, Aussparungen und Übertreibungen eifersüchtige Reaktionen bei den Eheleuten aus. Durch den Stimmungsumschwung herausgefordert erzählt Albertine von ihren sexuellen Wünschen gegenüber einem jungen Dänen, den sie im letzten Sommer in den gemeinsamen Ferien in Dänemark flüchtig gesehen hat. Nur die plötzliche Abreise des Dänen verhindert eine Annäherung Albertines. Erregt und betroffen von dem Geständnis berichtet auch Fridolin von einer ihn aufwühlenden Begegnung am Strand mit einem nackten jungen Mädchen, das er auf dem Steg vor einer Badehütte frühmorgens erblickt hat. Fridolin bleibt gebannt stehen; erst die energische Handbewegung des Mädchens bringt ihn zur Umkehr.

■ Frühere Begegnungen

Beide Ehepartner sind von diesen Geständnissen ihrer Erlebnisse gegenseitig gekränkt, versprechen sich jedoch auf Albertines Vorstoß hin, derartige Gedanken und Wünsche in Zukunft einander zu erzählen. Ihr Geständnistaumel treibt sie immer weiter. Albertine erzählt, dass sie am Vorabend ihrer Verlobung dem schönen jungen Mann vor ihrem Fenster, also Fridolin, alles gewährt hätte, hätte er nur das richtige Wort gesprochen. Fridolin reagiert entsetzt, geprägt von der herkömmlichen Auffassung der Rolle einer Frau. Da er zu einem ärztlichen Notfall gerufen wird, bleibt eine weitere Klärung offen.

■ Geständnistaumel

Kapitel II

Der jahrelang herzkranke Patient Fridolins, ein Hofrat, ist bereits verstorben, als Fridolin in der Wohnung eintrifft. Das Kapitel zeigt Fridolins Wahrnehmungen und Reflexionen über die muffige und ungelüftete Wohnung sowie zu der 27 Jahre alten Tochter Marianne. Sie ist während der jahrelangen Pflege ihrer Eltern zunehmend verblüht. Marianne erwähnt bekümmert ihren verschollenen Bruder und berichtet, dass sie ihren Verlobten, einen angehenden Professor der Geschichte, bald heiraten wird. Fridolin konstatiert in Gedanken, dass sie diesen Mann nicht lieben kann, sonst wäre ihr Aussehen attraktiver. Er genießt jedoch, wenn auch peinlich berührt, ihr Liebesgeständnis an ihn, den Hausarzt, in dessen Nähe sie gerne bleiben möchte. Als der Verlobte Dr. Roediger und nahe Verwandte eintreffen, verabschiedet sich Fridolin rasch.

■ Patientenbesuch

■ Mariannes Liebesgeständnis

Kapitel III

Vor dem Haus in der Schreyvogelgasse erscheint ihm die Szenerie in der Wohnung des Hofrats gespenstisch unwirklich. Seine Bitterkeit gegenüber Albertine, an die er denken musste, als Marianne zu seinen Füßen lag, führt zur Entscheidung, auf keinen Fall nach Hause zu gehen. Er will ein Kaffeehaus aufsuchen, um Abstand zu gewinnen. Während ihm die bereits begonnene Verwesung des Toten durch den

■ Beginn der ersten nächtlichen Odyssee

Kopf geht, ist er froh und glücklich, noch jung zu sein, eine attraktive Frau zu haben und jederzeit die Möglichkeit, eine oder gar mehrere Geliebte sich halten zu können. Aus seinen Gedanken wird er durch eine Gruppe von angetrunkenen Korpsstudenten gerissen, deren letzter ihn bewusst rempelt und mit dem Blick provoziert. Aus Furcht vor den möglichen Folgen eines Duells wendet er sich unter dem höhnischen Lachen des Studenten rasch ab. Alle Gefahren, denen er in seinem Beruf ausgesetzt ist, steigen in ihm auf. Als erlösend empfindet er, dass alle Menschen, denen er in den letzten Stunden begegnet ist – seine Familie eingeschlossen – ins Gespenstisch-Halbbewusste versinken.

■ Straßendirne Mizzi

Eine sehr junge Straßendirne, die sich Mizzi nennt, erregt seine Aufmerksamkeit. Obwohl er in ihrer Blässe sofort eine Todgeweihte diagnostiziert, folgt er dennoch zögernd, fast willenlos ihrer Einladung. Fridolin lehnt aus Furcht vor Ansteckung ihre Liebesdienste ab. Sie versteht seine Bedenken und zieht sich ihrerseits zurück. Da sie sein Geldgeschenk ablehnt, beschließt er, ihr am folgenden Tag ein Päckchen mit Wein und Süßigkeiten zu schicken.

Kapitel IV

Nach der missglückten Episode mit der Dirne strebt er noch weiter weg vom Nachhauseweg. Er erreicht ein Kaffeehaus »niederen Ranges« mit wenig Gästen. Als Fridolin von seiner Zeitung aufblickt, erkennt er am gegenüberliegenden Tisch seinen ehemaligen Kommilitonen, den Polen Nachtigall, der, im Studium gescheitert, sich mit Klavierspielen in Lokalen in allen möglichen Ländern über Wasser hält. Der schäbige Abendanzug zeigt, dass Nachtigall am unteren Ende der Gesellschaft angekommen ist. Da er in seinen Bericht einfließen lässt, dass er zwar nicht im Großbürgertum engagiert wird, dafür aber in geheimen Gesellschaften, beginnt Fridolin nachzufragen und drängt seinen alten Freund, ihn auf die geheime Gesellschaft mitzunehmen, bei der er diese Nacht spielt. Nachtigalls Andeutungen von nackten Frauen auf dem geheimen Treffen erregen Fridolins Phantasie. Nachtigall versucht jedoch Fridolin abzuwiegeln, indem er ihm die Schwierigkeiten vor Augen führt: Kostüm und Maske seien erforderlich, außerdem sei eine Parole nötig, um eingelassen zu werden. Nachtigall erfahre die Parole erst in der Kutsche der Geheimgesellschaft und außerdem habe um ein Uhr nachts kein Kostümverleih mehr geöffnet. Nachtigall verzögert mit einem Vorwand die Abfahrt der für ihn bestimmten Kutsche.

■ Nachtigall

■ Orgiastische Geheimgesellschaft

Fridolin ist so entschlossen, dass es ihm gelingt, beim Maskenverleih eine Mönchskutte mit Pilgerhut und Maske zu leihen. Im Kostümdepot des Verleihers Gibiser erlebt Fridolin ein verstörendes Ereignis: Gibisers Tochter – als Pierrette verkleidet – kokettiert mit zwei als Femrichtern in roten Masken verkleideten jungen Männern. Als der scheltende Maskenverleiher die Polizei holen will, flüchtet Pierrette in Fri-

■ Beim Maskenverleiher

dolins Arme, der von der verlockenden Anmut der Kindfrau und ihrem Duft sehr berührt ist. Gibiser gegenüber bietet er Schutz und Hilfe für die Tochter und gibt sich als Arzt und damit Fachmann zu erkennen. Der Maskenverleiher schiebt ihn mitsamt seiner Kostümierung höhnisch lachend zur Tür hinaus.

Über die neuerliche erotische Episode nachzudenken, bleibt Fridolin keine Zeit. Er muss das Passwort erfahren, eine Kutsche mieten, um dem schwarzen geheimnisvollen Gefährt mit Nachtigall folgen zu können. Dass die Parole ausgerechnet »Dänemark« (S. 41) lautet, scheint ihm kein Zufall zu sein. Die Kutschen halten in einer Villengegend Richtung Galitzinberg.

■ Parole »Dänemark«

Mit Verkleidung und Parole gelangt er in einen schwarz ausgeschlagenen Saal einer klassizistischen Villa. Die Besucher sind als Mönche und Nonnen verkleidet und alle maskiert. Ein Harmonium spielt eine altitalienische geistliche Arie, zu der eine hohe Frauenstimme singt. Eine Nonne mit dunkel funkelnden Augen und rotgeschminktem Mund unter dem Schleier fordert ihn mehrfach auf, die Gesellschaft unverzüglich zu verlassen. Die geheimnisvolle Schöne zieht ihn so in ihren Bann, dass er sich weigert, ihrer Aufforderung zu folgen. Als die Musik sich ins Weltliche wandelt und Nachtigall mit frechen, wilden Melodien einen Aufschrei der Sängerin provoziert, sind alle Nonnen verschwunden und zwar in einen hellen Nebenraum, wo sie, das Gesicht durch Schleier unkenntlich, sonst aber nackt der Männer harren, die ih-

■ In der Villa der Orgie

■ Die schöne Warnerin

re Kutten abgeworfen sich in bunten Kavalierskleidern auf die Frauen stürzen. Eine wilde Walpurgisnacht hebt an, die Fridolin, als Einziger noch im Mönchskostüm, aus einer dunklen Ecke beobachtet. Er spürt, dass er selbst auch beobachtet wird.

Ein erneuter Versuch der unbekannten Schönen, ihn zum Verlassen der Gesellschaft mit Androhung der Folgen für sein zukünftiges Leben zu bewegen, scheitert an seiner Begierde nach ihrem Körper. Er fühlt den Mut, trotz drohender Gefahren zu bleiben. Gehen will er nur, wenn sie mitkommt. Er denkt dabei an alle die gescheiterten erotischen Begegnungen dieser Nacht: Marianne, die junge Prostituierte Mizzi, das kindliche Mädchen Pierrette und beschließt, aus dieser Gesellschaft nicht wieder zu fliehen. Da er die Hausparole auf Anfrage nicht kennt, wollen die Kavaliere ihm die Maske wegreißen und ihn züchtigen. Doch seine Warnerin rettet ihn, indem sie sich als Opfer anbietet. Worin das Opfer besteht, erfährt Fridolin nicht; als Fridolin mit Gewalt aus der Villa gezerrt wird, sieht er nur noch, dass die Schöne sich demaskiert und offenbar allen Männern hingibt. Fridolin kann ihr Antlitz nicht sehen. Auf der Straße wird er durch einen unaufhaltsamen Zwang in die unheimliche Kutsche der Gesellschaft geworfen, die ihn auf ein freies Feld vor der Stadt befördert. Voll Wut und Scham muss er feststellen, eine begierig ersehnte Herausforderung nicht bestanden zu haben. Er beschließt, die unbekannte Schöne am nächsten Tag auf jeden Fall aufzufinden und alle an ihn gerichteten se-

■ Entdeckung

■ Die Warnerin opfert sich

xuellen Angebote dieser Nacht zu Ende zu führen, bevor er zu Albertine zurückkehrt. Gleichzeitig zweifelt er, ob die Erlebnisse dieser Nacht nicht nur ein Traum oder Fieberdelirium gewesen seien.

Kapitel V

Um 4 Uhr morgens kommt er zu Hause an, verbirgt seine Verkleidung im Schrank des Behandlungszimmers. Albertine findet er schlafend. Ihre verzerrte Miene, die er so nicht kennt, und ihr schrilles Auflachen erschrecken ihn zutiefst. Beim Aufwachen erklärt Albertine, sehr verwirrt geträumt zu haben.

Albertines Traum

Nach mehrfacher Aufforderung erzählt sie ihm einen Traum, in dem sich reale Begebenheiten, Gedanken, Träume und sexuelle Wünsche assoziativ aneinanderreihen: In der Nacht vor der Hochzeit der beiden kommt Fridolin im orientalischen Prinzengewand, von Sklaven über den Wörthersee gerudert, zu seiner Braut. Er hebt sie aus dem Fenster. Auch sie trägt ein orientalisches Prinzessinnengewand. Sie schweben im Nebel zum Brautgemach auf einer Waldlichtung mit einer hohen Felswand im Hintergrund. Nach der Hochzeitsnacht sind am Morgen alle Kleider der beiden verschwunden. Während Fridolin Kleider in der Stadt besorgen muss, kommt der »Däne« (S. 62) zu Albertine und schläft mit ihr, während die Szene sich in eine Wiese mit vielen Liebespaaren wandelt. Alle Konventionen fallen in diesem Bacchanal. Gleichzeitig wird Fridolin nackt gefangen, zur Burg einer

Fürstin gebracht, die ihn vor die Alternative stellt, ihr Geliebter zu werden oder den Kreuzestod zu sterben. Bei näherem Hinsehen erweist sich die Fürstin als das Mädchen vor der Badehütte in Dänemark. Fridolin entscheidet sich dafür, Albertine die Treue zu halten. Er erlebt das Martyrium Christi, Auspeitschung und Folter, und wird auf der Waldlichtung im Anblick Albertines, die in den Armen des Dänen liegt, ans Kreuz geschlagen. Albertine lacht dazu höhnisch. So weit ihr Traumbericht.

Fridolins Reaktion

Entsetzt und hasserfüllt schwört Fridolin im Inneren, seine diesem Traum gegenüber geradezu nichtigen und zudem fehlgeschlagenen Erlebnisse der Nacht am kommenden Tag zu Ende zu bringen als Vergeltung an seiner Frau. Gleichzeitig muss er sich bezwingen, Albertine nicht zärtlich zu küssen. Er legt sich neben sie mit dem Gedanken, sich neben seinem Todfeind zu befinden.

Kapitel VI

Die zweite Odyssee

Nach kurzem Schlaf beginnt Fridolin seinen Alltag mit Patientenbesuchen; dann fragt er sich nach dem Quartier Nachtigalls durch, um auf die Spur der geheimnisvollen Schönen zu kommen. Aber Nachtigall ist nach Auskunft des Hotelportiers von zwei mit hochgezogenen Schals unkenntlich gemachten Herren zum Nordbahnhof gebracht worden. Ebenso erfolglos verläuft das angestrebte Treffen mit Pierrette. Der Vater Gibiser lehnt die ärztliche Hilfe höhnisch

Pierrette

ab, und Fridolin bemerkt, dass Gibiser die Tochter gegen Geld mit einem der jungen Femrichter verkuppelt hat.

Als Fridolin am späten Vormittag im Krankenhaus Visite abhält, hört er von der steilen Karriere eines Kollegen, der Chef der Augenklinik werden soll. Frustriert stellt Fridolin fest, dass er einen bequemeren Weg ohne wissenschaftliche Profilierung gewählt hat, der eine solche Karriere nicht ermöglicht. Um weitere Nachforschungen nach der unbekannten Warnerin machen zu können, beauftragt er einen Kollegen mit seinen weiteren Visiten. Fridolin lässt sich Richtung Ottakring zum Galitzinberg fahren. Er stellt sich die Frage, ob in der Villa alles nur eine Komödie war oder ob die schöne Frau sich wirklich für ihn geopfert hat. Fridolin schiebt den Gedanken jedoch beiseite und redet sich ein, dass er auf jeden Fall selbst eine gute Figur gemacht und gute Manieren gezeigt habe. Er ist erstaunt, das Haus in der einsamen Villenstraße sofort zu erkennen. Es scheint völlig verlassen zu sein. Während er noch überlegt, ob er klingeln soll, kommt ein Diener mit einem Schreiben, auf dem Fridolins Name steht. Der Brief enthält eine zweite Warnung an ihn, keine weiteren Nachforschungen anzustellen. Da er den Brief für ein Zeichen hält, dass die unbekannte Schöne noch lebt, kehrt er erleichtert zum Mittagessen nach Hause zurück, heiter mit Frau und Kind plaudernd. Einer Zärtlichkeit seiner Frau entzieht er sich, indem er seine Tochter auf den Schoß nimmt. Nachmittags sieht er nach seinen Patienten.

Die schöne Warnerin

Um 7 Uhr abends beschließt er, Marianne aufzusuchen, um dort mit einem Ehebruch sich an seiner Frau zu rächen. Er fühlt sich in der Doppelrolle von konventionell-bürgerlichem Ehemann und zynisch verlogenem Verführer. Aber für die vor sich hin weinende Marianne empfindet er weder Mitgefühl noch Zärtlichkeit, er hat nur Angst vor einem neuerlichen hysterischen Liebesgeständnis ihrerseits und verlässt sie abrupt. Hilflos über seine Unfähigkeit, vorgefasste Ziele zu Ende zu führen, überlegt er zu fliehen. Doch im Nachsinnen über Doppelexistenzen, merkwürdige Fälle der Psychiatrie, nähert er sich seiner Wohnung.

■ Marianne

Als er gedankenverloren durch die enge Gasse kommt, in der das Zimmer Mizzis liegt, bewertet er sie als das anmutigste und reinste Wesen der letzten Nacht. Er kauft ein Präsent für das »junge Mädchen« (S. 81), erfährt aber von einer Nachbarin, dass Mizzi für etwa acht Wochen im Spital mit Syphilis liegt, was seine Vermutungen bestätigt. Er freut sich, einer Gefahr entronnen zu sein, verliert aber auch hier nicht das Gefühl versagt zu haben.

■ Mizzi

Ein Zufall verschafft ihm Kenntnis über den vermeintlichen Verbleib der schönen Warnerin aus der Geheimgesellschaft. In der Zeitung im Café liest er einen Bericht über eine junge schöne Frau, die in einem Stadthotel vergiftet aufgefunden wurde. Er findet das Hotel und hört den Bericht des Portiers. Seine Hoffnung, die von ihm heiß Begehrte im Krankenhaus zu finden, scheitert wieder. Sie konnte nicht gerettet

■ Vergiftung der schönen Warnerin?

werden. Die Leiche einer Frau mit dunklen langen Haaren, die er mit seinem Kollegen Adler in der Totenkammer findet und betrachtet, gibt Fridolin keine wirkliche Sicherheit, ob die Tote die von ihm gesuchte und begehrte Frau ist.

Kapitel VII

Als Fridolin nach dieser Odyssee durch das nächtliche Wien um 4 Uhr morgens zu Hause eintrifft und seine friedlich schlafende Frau sieht, fühlt er sich erlöst und geborgen. Er beschließt, ihr am folgenden Tag die Geschichte der beiden Nächte wie einen Traum zu erzählen. Als er auf seinem Kopfkissen jedoch die ihm aus dem Kostümpaket entglittene Maske entdeckt, weiß er, dass er Albertine nicht mit einer Traumerzählung belügen kann. Weinend bricht er vor dem Bett zusammen. Albertine hört seine nichts aussparenden Geständnisse. Sie reagiert liebevoll und tröstend. Offen bleibt, ob die Wirklichkeit einer Nacht auch die innerste Wahrheit bedeutet, offen bleibt vor allem auch, ob die Beziehung des Paares in zukünftigen Anfechtungen stabil, gleichberechtigt und mit gegenseitigem Verständnis weiterbesteht.

■ Fridolins Geständnis

■ Offenes Ende

3. Figuren

Figuren in erzählenden Texten

In Erzählungen und Dramen, fiktiven Texten, treten nicht reale Personen, also leibhaftige Menschen mit individuellen Eigenschaften, als Handelnde auf. Der Begriff Figur trifft die besondere Ausformung von Eigenschaften, Gefühlen und Verhaltensweisen künstlich hergestellter Personenkonzepte genauer. Die Unterschiede von Figuren im Drama und in erzählenden Texten sind dabei entscheidend: Während wir in dramatisch-theatralischen Texten unmittelbar und unvermittelt mit den auftretenden Personen und ihren Konflikten in Figurenreden (Monologen, Dialogen) konfrontiert werden, benötigen erzählende Texte geeignete Vermittlungsinstanzen. Da der Anteil von Figurenreden in der *Traumnovelle* schmal ist, müsste eine vermittelnde Erzählerinstanz (Erzählerrede) die Figurenreden ergänzen und Merkmalsbündel zu komplexer dargestellten Figuren nennen. Da wir als Leser jedoch wesentliche Informationen weitgehend aus Fridolins Perspektive erfahren, ist der zunächst vorherrschende objektive Erzählerbericht durch Fridolins subjektive Eindrücke, Beobachtungen, Empfindungen und Wertungen überlagert und damit eingeschränkt (v. a. S. 14–58). Die durch Fridolins Blickwinkel gesehenen Figuren bleiben damit unbestimmt und eher flach, vage und eindimensional. Schnitzler vertritt insgesamt eine Auffassung von fiktiven Figuren,

■ Fridolins Perspektive

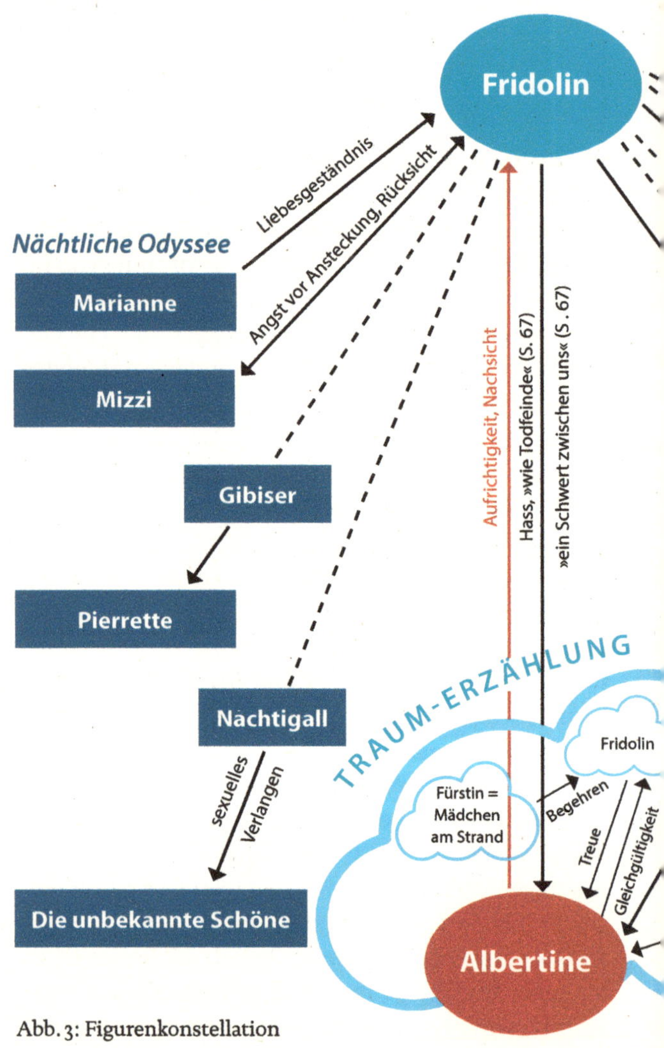

Abb. 3: Figurenkonstellation

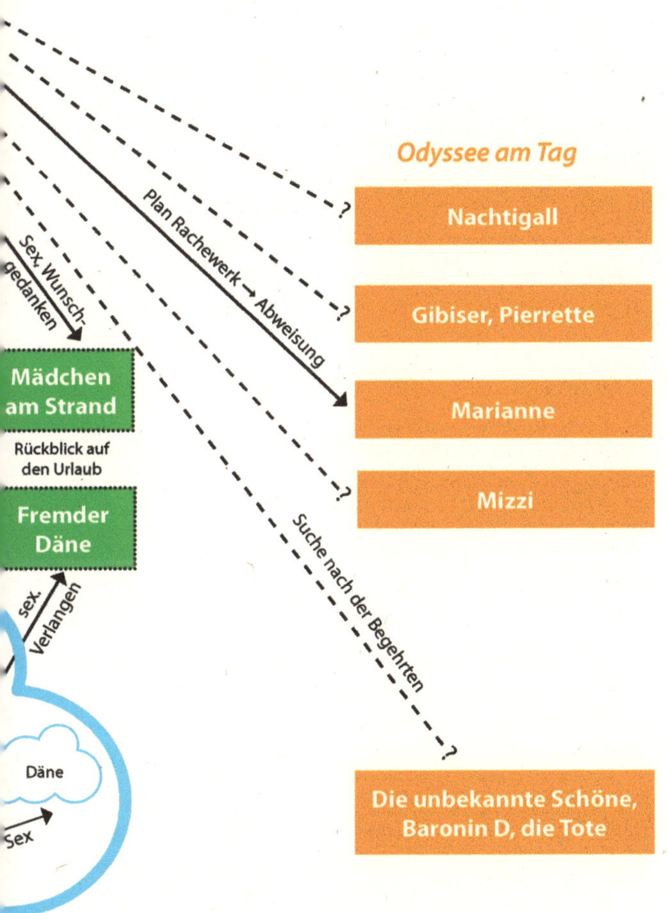
Odyssee am Tag
Nachtigall
Gibiser, Pierrette
Marianne
Mizzi
Die unbekannte Schöne, Baronin D, die Tote
Plan Rachewerk → Abweisung
Suche nach der Begehrten
Sex, Wunsch-gedanken
Mädchen am Strand
Rückblick auf den Urlaub
Fremder Däne
sex. Verlangen
Däne
Sex

Moment-aufnahmen

deren Wahrnehmungen und Eindrücke vom Zufall und von wechselnden Momentaufnahmen bestimmt sind. Der Autor vermeidet jeden Anschein von Objektivität, Eindeutigkeit und Normalität gemäß der vorherrschenden Wahrnehmungspsychologie seiner Zeit.[2]

Die Protagonisten

Zwei Hauptfiguren bilden als Protagonisten das Konfliktzentrum der *Traumnovelle*: Fridolin und Albertine.

Fridolin

Fridolins private und berufliche Rolle

Fridolin ist die einzige komplexe Hauptfigur: Er wird wie seine Frau Albertine nur mit dem Vornamen bezeichnet. Fridolins soziale Rolle als Arzt in der *Traumnovelle* garantiert eine durchaus herausgehobene Stellung mit einer Wohnung in der von Bürgern und Großbürgern dominierten Josefstadt (S. 14) in der Nähe der »inneren Stadt« (s. Abb. 2, S. 11), nicht weit von der Poliklinik entfernt, in der er arbeitet. Zum Haushalt gehört Dienstpersonal, das die Ehefrau entlastet: ein Dienstmädchen/Stubenmädchen (S. 13/14, 67, 73) und das Fräulein als Kindermädchen (S. 5). Fridolin ist 35 Jahre alt (S. 23); er hat sich eine gesicherte Doppelposition erarbeitet: Als Arzt im Krankenhaus (Spital),

2 Wunberg (s. Anm. 1), S. 138–141.

nachmittags in der eigenen Privatpraxis hält er Sprechstunde für seine Patienten, zusätzlich macht er Hausbesuche. Als jüngerer Mann wollte er eine akademische Laufbahn einschlagen, zog aber dann eine private Arztpraxis mit Krankenhausassistenzen der wissenschaftlichen Laufbahn vor. Gegenüber anderen Kollegen – auch aus anderen Fakultäten – mit wissenschaftlichen Karrieren fühlt er sich unterlegen und minderwertig (S. 17 f., 72). Gegen Ende des Textes deutet er zaghaft einen »Vorsatz« an, doch wieder wissenschaftlich »mit etwas größerer Energie« (S. 76) sich betätigen zu wollen, was seine Frau als momentane »Stimmung« (S. 76) richtig einschätzt und bezweifelt.

Die genannte Haltung charakterisiert das Rollenporträt Fridolins grundsätzlich: Er versagt, er schafft es nicht, weitergehende, ohnehin vage Vorhaben und Ziele in die Tat umzusetzen. Die Figur bleibt antriebsarm und ist grundsätzlich nicht in der Lage, die nächtlichen Abenteuer an irgendeiner Stelle zu Ende zu führen. Diesem Verhaltensmuster entspricht seine Anpassung und seine Übernahme von gesellschaftlichen Vorgaben und Konventionen. Er macht der jungen Albertine einen Heiratsantrag und legalisiert seine Liebe zu ihr, ohne zu ahnen, dass Albertine selbst sich ihm vor der Ehe hingegeben hätte. Insgeheim ist die Figur Fridolin durchaus von Trieben und erotischer Sehnsucht bestimmt. Das beweisen zum Beispiel seine Jugendsünden, die er Albertine gestanden hat, was er im Nachhinein wieder bereut, »was er lieber für sich hätte behalten sollen« (S. 11). Selbst seine innersten Wünsche, sich etwa eine Geliebte zu halten, eine Art »Doppelleben« (S. 78) als braver Gatte und Wüstling zu führen, setzt er nicht einmal in Gedanken konsequent um, von einer Realisierung in der Wirklichkeit ganz zu schweigen. Er empfindet zwar ein überwältigendes Begehren und eindeutig sexuelle Gefühle für das nackte Mädchen am dänischen Strand, ist jedoch gleichzeitig heilfroh, dass er sie erst am letzten Ferientag sieht und damit nie mehr wiedersehen wird (S. 10 f.). Er hat das Mädchen ohnehin nicht anzusprechen gewagt, sondern über die intensiven Blickkontakte die Arme zwar nach dem Mädchen ausgestreckt, sich aber auf ihre flehentlich-gebieterische Geste strikt von ihr abgewandt. Diese wichtige Episode verweist auf die grundsätzliche Diskrepanz zwischen Wünschen und Handeln, zwischen Gedanken und Tat, zwischen Vorsatz und Ausführung: Fridolin setzt sich Ziele, die er nicht erreichen kann, nicht einmal erreichen will. Seine Wünsche und seine Taten stimmen nicht überein. Angst sitzt ihm, dem praktizierenden Arzt, im Nacken, wenn er angerempelt und herausgefordert wird, wenn er zu einer der Frauen in engeren Kontakt treten könnte; Angst vor dem Tod, den er schon seit einigen Tagen seit der Begegnung mit einem an Diphtherie erkrankten Kind in sich tragen könnte (S. 23). Fridolin steigert sich immer mehr in Todesängste hinein, die sein gewagtes Verhalten auf dem Ball der Geheimgesellschaft bestimmen. »Und wieder fiel ihm ein, dass er möglicherweise schon den Keim einer Todeskrankheit im Leibe

■ Diskrepanz zwischen Wünschen und Handeln

■ Todesängste

trug. […] Vielleicht war er schon krank. Hatte er nicht Fieber? Lag er in diesem Augenblick nicht daheim zu Bett […]?« (S. 57). Fridolin erklärt an dieser Stelle sein Verhalten auf dem Ball mit einem Zustand des Deliriums, also einem Zustand zwischen Wachen und Schlafen, zwischen bewusster Wahrnehmung und Traumbewusstsein. Er versucht in den triebgesteuerten Vorgängen der Geheimgesellschaft seine Furcht, sein Handeln mit dem Tod bezahlen zu müssen, punktuell zu überwinden und sich aus allen Konventionen zu lösen. Seine Vergeltung an Albertine scheint zumindest im letzten Abenteuer mit der schönen Unbekannten im Ansatz zu gelingen. Doch als Fridolin nach der nächtlichen Odyssee seine Alltagsarbeit aufnimmt, fällt er wieder in seine alten Gewohnheiten zurück. Erst das abschließende therapeutische Gespräch mit Albertine bringt eine vorläufige Klärung für sein Bewusstsein. Das offene Ende der Novelle zeigt eine in sich widersprüchliche und schillernde männliche Hauptfigur.

■ Figur voller Widersprüche

Albertine

■ Albertines Rollenporträt

Albertine erscheint als bürgerliche Ehefrau, Hausfrau und Mutter. Sie war bei der Verlobung mit Fridolin 17 Jahre und dürfte in der Handlung der Novelle etwa 25 Jahre alt sein, ist also den Konventionen der Zeit entsprechend deutlich jünger als ihr Mann. Die gemeinsame Tochter ist 6 Jahre alt und verbindet beide Ehepartner miteinander. Fridolin erinnert sich an eine

Geliebte, um derentwegen er sich hätte duellieren müssen »vor zwölf oder vierzehn Jahren« (S. 23). Folglich muss Fridolin Albertine vor weniger als zwölf Jahren geheiratet haben. Albertine ist als Frau eines sozial geachteten, ehemaligen Sekundararztes (S. 82), jetzt mit »Privatpraxis« (S. 72), gemeinsam mit ihrem Mann in gesellschaftliche Ereignisse wie das »Ballfest« (S. 5) eingebunden.

Albertine wird zur überlegenen Figur, da sie in der aufgebrochenen Ehekrise durch ihre liebevolle Zuwendung und ihr Verständnis für ihren Mann die schwierige Situation zwischen sich und ihrem Mann befriedet. Ihre erotischen Berichte über den Ferienaufenthalt in Dänemark nach den Plaudereien über die Redoute (S. 7) lösen bei Fridolin rachsüchtige Reaktionen aus, die seine nächtlichen Irrfahrten in Gang setzen. Beide Ehepartner vereint eine gewisse Angst vor Untreue und die Ungewissheit, ob sie sich des oder der jeweils anderen sicher sein können. Albertine ist diejenige – »ob sie nun die Ungeduldigere, die Ehrlichere oder die Gütigere von den beiden war« (S. 7 f.) –, die ihre in Gedanken vollzogene Untreue zuerst »offen« ausspricht: Die Erzählung von dem Dänen mit der »gelben Handtasche« (S. 8) zeigt, dass sie – anders als Fridolin zu diesem Zeitpunkt – ihre sexuellen Wünsche nicht verbirgt. Auch Fridolin hätte sie sich vor der Hochzeit körperlich hingegeben, hätte er nur das richtige Wort gesprochen. Seine konventionell-starre Haltung und Korrektheit hat sie sichtlich getroffen und enttäuscht (S. 13). Albertine

Ihre Aufrichtigkeit

macht sich keine Illusionen mehr über ihre Ehe, denn Fridolin bleibt bei seinen Normen, die die Gesellschaft um 1900 in einer Art Doppelmoral nach außen zeigt. Albertine lebt nach Fridolins Regeln, die sie äußerlich erfüllt, die sie aber in ihren unterbewussten sexuellen Wünschen durchbricht. Verachtung für Fridolin und alle Formen unerfüllter weiblicher Sexualität bestimmen Albertines Traumerzählung. Ihr gelingt es in der Metaebene des Traums, sich immer weiter emotional und körperlich von Fridolin loszusagen, während er lieber zu sterben und sich kreuzigen zu lassen bereit ist, als von seinem Treueschwur Albertine gegenüber zu lassen. Albertine, von der wir als Leser über ihr Äußeres und ihr Wesen so wenig erfahren, löst jedoch den entscheidenden Erkenntnisprozess bei Fridolin aus: Sie legt Fridolins Maske, die er versehentlich nicht zurückgegeben hat, auf sein Kopfkissen und erreicht damit, dass Fridolin seine nächtlichen Abenteuer berichtet und die Novelle im Zeichen der Demaskierung eine für den Augenblick beruhigte Ehesituation erreicht. Die Entwicklung in der Zukunft bleibt jedoch offen.

Unerfüllte weibliche Sexualität

Frauenfiguren

Marianne

Mit einem gewissen »ärgerlichen Ton[]« (S. 13) muss Albertine nach ihrem Bericht vom Vortag ihrer Verlobung akzeptieren, dass Fridolin zu einem seiner langjährigen Patienten, einem schwerkranken Hofrat, gerufen wird. Das Dienstmädchen berichtet, dass eine Hausbesorgerin, also eine Hausmeisterin, die Botschaft gebracht hat. Man hat also im Hause des Hofrats in der Schreyvogelgasse am Rande der »inneren Stadt« (s. Abb. 2, S. 11) kein Dienstmädchen. Die Tochter des Hofrats, Marianne, die Fridolin seit vier Jahren als Arzt des Vaters kennt, hat seit dem Tod ihrer Mutter ihren Vater gepflegt. Vor dem Tod der Mutter – so geht es Fridolin durch den Kopf – hat sie noch Gesangsstunden genommen, es ging ihr gesundheitlich also deutlich besser. Nach vier Jahren Pflege ist sie jetzt beim Tod des Vaters mit 27 Jahren in ihrer Erscheinung deutlich gealtert. Sie riecht nach ungelüfteten Kleidern; die muffige Wohnung spiegelt im Halbdunkel des Raumes das Verblühen der jungen Frau wider: »Ihr Haar war reich und blond, aber trocken, der Hals wohlgeformt und schlank, doch nicht ganz faltenlos und von gelblicher Tönung« (S. 15). Als Leser können wir uns aus nächster Nähe ein Bild über »dieses blasse[] Mädchen[]« (S. 15) machen – allerdings nur auf Grund der von Fridolin wiedergegebenen Impressionen. Marianne ist mit Dr. Roediger, einem jungen Geschichtsdozenten, verlobt. Nach Fridolins Ansicht kann dies nur eine konventionell arrangierte, keine Liebesverbindung sein. Wenn Marianne die Geliebte ihres Verlobten wäre (S. 16), hätte sie ein jugendlicheres Aussehen bewahrt. Nicht nur ihre äußere Erscheinung hat durch die lange Pflege gelitten, auch innerlich ist sie völlig verwirrt und verstört.

■ Mariannes Erschöpfung

■ Ihr Verlobter

In ihrer Erregung umschlingt sie die Knie Fridolins und gesteht ihm weinend ihre Liebe: »Mit einem Mal war sie vom Sessel herabgeglitten, lag Fridolin zu Füßen, umschlang seine Knie mit den Armen und presste ihr Antlitz daran. Dann sah sie zu ihm auf mit weit offenen, schmerzlich-wilden Augen [...]« (S. 18). Auch wenn er nach ihrem geflüsterten »Ich liebe dich« wenigstens ihren Namen »nicht ohne Zärtlichkeit« (S. 20) ausspricht, wird er von der Glocke draußen durch die Ankunft von Mariannes Verlobtem von jeder engeren Beziehung zur Hysterikerin Marianne »erlöst« (S. 19). Nach diesem ersten Zusammentreffen flüchtet Fridolin in die Nacht und kehrt erst am nächsten Abend noch einmal während seiner Suche nach der schönen Unbekannten zu Marianne kurz zurück. Krankheit, Verblühen, Verfall und Tod kennzeichnen die erste Begegnung mit Marianne, einer Figur, die ihn offensichtlich liebt, für die er jedoch nur wenig Mitgefühl und keine wirkliche Zuneigung zeigen kann. Lediglich der Blick des Arztes (»natürlich ist auch Hysterie dabei«, S. 19) und die Vermutung »Spitzenkatarrh« (S. 17) bestimmen sein Denken.

Ihr Liebesgeständnis

Beim zweiten Besuch am Abend der Odyssee will Fridolin Mariannes Verliebtheit und ihre Abhängigkeit von seinen Reaktionen schamlos ausnutzen und mit ihr Ehebruch begehen: »Ohne Aufwand besonderer Mühe konnte er hier sein Rachewerk beginnen, hier gab es für ihn keine Schwierigkeit, keine Gefahr« (S. 77). »Ja, verraten, betrügen, lügen, Komödie spielen [...] vor Marianne« (S. 77) – das ließe sich ohne

Fridolins zweiter Besuch

Angst vor Ansteckung und Krankheit verwirklichen. Marianne begrüßt Fridolin leicht errötet »mit einem schwachen Lächeln« mit der Bemerkung, er lasse sie »lange warten« (S. 79). Offenbar will sie damit ihre Hoffnung auf seine Zuneigung ausdrücken. Doch sein förmliches, emotionsloses, brutal-brüskes Verhalten zeigt Marianne, dass ihre Liebe zu ihm keinerlei Erwiderung findet. Fridolin ist nicht einmal imstande, ihr »irgendein gutes Wort« (S. 80) zu gönnen. Marianne ist von diesem Verhalten sehr getroffen, weint lautlos und sinkt enttäuscht in sich zusammen.

Mizzi

Mizzi ist nach eigener Aussage 17 Jahre alt (S. 26), also genauso alt wie Albertine war, als Fridolin ihr den Heiratsantrag machte.

■ Die junge Prostituierte

Ihr Name ist typisch für ihr Gewerbe und wohl nicht ihr wirklicher Name: »No, wie wir i denn heißen? Mizzi natürlich.« (S. 25) Fridolin folgt Mizzi wie in Trance – willenlos nach dem Erlebnis mit den angetrunkenen Korpsstudenten am Rathausplatz. »[I]n einer engen Gasse« (S. 24) mit einigen »armselige[n]« Prostituierten erinnert die Szenerie an einen Stummfilm der 1920er Jahre, als die junge Prostituierte Fridolin zum Mitgehen auffordert: »Es war ein zierliches, noch ganz junges Geschöpf, sehr blass mit rotgeschminkten Lippen. Könnte gleichfalls mit Tod enden, dachte er, nur nicht so rasch!« (S. 24) Fridolins ärztlicher Blick warnt ihn einerseits, andererseits

Abb. 4: Hans Meid, *Verrufene Gasse*, 1923. – Mit Genehmigung der Hans-Meid-Stiftung, Frankfurt a. M.

wird Mizzi nicht durch einen Erzähler eingeführt, sondern ausschließlich aus Fridolins Sicht geschildert. Fridolin empfindet im Kontrast zu Mariannes Wohnung Mizzis Zimmer hell durch die Öllampe, wohlriechend, behaglich und einladend. Die junge Dirne nähert sich Fridolin »ohne Zudringlichkeit« – er aber wehrt das Mädchen »sanft« ab (S. 25), sein untrüglicher Arztblick lässt ihn zurückweichen. Seine Zuflucht in der eher vorgetäuschten Müdigkeit wird der Schaukelstuhl.

Ihre Rücksichtnahme

Die Siebzehnjährige agiert tatsächlich dem möglichen ›Kunden‹ gegenüber wie ein Kind. Voll Rücksicht anerkennt sie seine Furcht und zieht sich ihrerseits zurück, als Fridolin – dann doch etwas erhitzt – sie an sich zieht und wie um eine Frau wirbt. Sie will Fridolins Gesundheit nicht gefährden. »Wie einer Fräuln« (S. 27) – also einer unverheirateten Frau aus dem Bürgertum –, formuliert Mizzi, als Fridolin – betroffen in seinem Rollenverständnis als Mann und Werbender – ihre Hand küsst. Mizzi verkörpert beides: die kindliche Verführerin, die nicht zudringlich ist und jede Geldzuwendung energisch zurückweist und die verständnisvolle junge Prostituierte, das »Dirnchen« (S. 42), das die Schuld für eine Ansteckung nicht übernehmen will. Fridolin anerkennt immerhin das rücksichtsvolle Verhalten Mizzis, prägt sich die Hausnummer ein, um »dem lieben armen Ding« (S. 27) wenigstens am nächsten Tag eine Kleinigkeit zukommen zu lassen.

Fridolins Bewertung

Als Fridolin am nächsten Tag Mizzi nicht mehr antrifft, ist seine ärztliche Annahme bestätigt: Mizzi ist für acht Wochen mit Syphilis im Krankenhaus. Trotz ihrer Rolle als Prostituierte, die sie offen zeigt, ist sie im Bewusstsein Fridolins den anderen Frauen vorzuziehen: »War dieses junge Mädchen nicht im Grunde von allen, mit denen seltsame Zufälle ihn in der letzten Nacht zusammengeführt, das anmutigste, ja geradezu das reinste gewesen? Er fühlte einige Rührung, wenn er ihrer dachte.« (S. 81)

Pierrette

Pierrette ist die Tochter des Maskenverleihers Gibiser, den Fridolin aufsucht, um für den Besuch des Balls der geheimen Gesellschaft Kostüm und Maske zu bekommen. Im Kontrast zur stillen dunklen Gasse bei Mizzi gerät Fridolin im Haus des Maskenverleihers in die hell »blendend[ ]« (S. 37) beleuchtete phantastische Welt des Theaters. Pierrette, »ein anmutiges, ganz junges Mädchen, fast noch ein Kind im Pierrettenkostüm mit weißen Seidenstrümpfen« (S. 38) ist das weibliche Pendant zum weißgewandeten, traurigen Pierrot der *Commedia dell'arte* oder der *Comédie italienne.* Mit »weiß bestäubt[em]« Gesicht »mit einigen Schönheitspflästerchen bedeckt« (S. 38) flüchtet Pierrette wie bei einem Theaterauftritt unvermutet wie zum Schutz in Fridolins Arme. Wieder überlagern Fridolins Geruchsimpressionen den Theaterauftritt: »ein Duft von Rosen und Puder« steigt »von ihren zarten Brüsten [...] auf; – aus ihren Augen lächelte Schelmerei und Lust« (S. 38). Fridolin will Pierrette eigentlich beistehen, übersieht jedoch dabei die Theatralität des bloßen Spiels. Als der polternde Vater sie als Wahnsinnige bezeichnet, bringt er sich selbst als Arzt ins Spiel, was der Theatersituation widerspricht. Pierrette selbst will weiterspielen, indem sie für Fridolin ein Prinzenkostüm statt des öden Pilgerüber-

Eine Bühnenfigur

wurfs einfordert. Pierrette verschwindet aus der Szene ebenso theaterhaft, wie sie als Theatertyp aufgetaucht ist. Aus der Kostümbezeichnung Pierrette wird ihr Name, sie geht also vollkommen in ihrer Theaterrolle auf. Fridolin ist von der Scheinhaftigkeit der gesamten Theaterszene in der Maskenverleihanstalt verwirrt und entsetzt. Er kann den Widerspruch im Verhalten Pierrettes zwischen Wahnsinn und Verworfenheit (S. 40) nicht verstehen, da er den »Ton« »wie auf dem Theater« (S. 40) nicht erkennt. Die Szene ist insgesamt als letzte Stufe vor dem absoluten Theaterhöhepunkt beim Maskenball des Geheimbundes zu bewerten.

Nach dem Maskenball bringt Fridolin Mantel und Hut zu Gibiser zurück. Pierrette findet er nicht mehr. Einer der Femrichter kommt aus Pierrettes Zimmer (S. 70), offensichtlich hat er die Nacht mit Pierrette verbracht. Gibiser verhält sich Fridolin gegenüber scharfzüngig, unverschämt und »kühl« (S. 70), »Unbehagen, Spott oder Ärger« (S. 69) gewinnen die Oberhand. Erst jetzt durchschaut Fridolin die Kupplerdienste des Alten, der sein Kind als sexuelles Objekt verkauft.

Vater als Zuhälter

Die unbekannte Schöne, die Nonne, die Warnerin, Baronin D.

Die geheimnisvolle Schöne

Die letzte und geheimnisvollste Frauenfigur trifft Fridolin auf dem Maskenball, dem absoluten Zielpunkt der Irrfahren durch das nächtliche Wien. Fridolin erwartet auf dem Ball den Ausbruch aus seinem in Konventionen, Traditionen und im Berufsalltag erstarrten Dasein und damit eine Kompensation für die Herabwürdigung seiner Männlichkeit durch Albertines außereheliche Wünsche.

In einer von allen Regeln und Normen befreiten, anarchisch aufgebauten geheimen Gesellschaft scheint Fridolins Racheplan zu gelingen. Der Geheimkult beginnt mit quasi-religiösen Gesängen und Riten, die allerdings jäh in eine schwarze Messe übergehen: Die Trennung der Geschlechter in eine verkleidete Männergruppe in Mönchskutten und später in Karnevalskostümen und in eine Gruppe nackter Frauen, zunächst als »Nonnen« (S. 43), die schwarze »Spitzenlarven« (S. 45) tragen, erscheint als Zeichen einer orgiastisch orientierten und organisierten Geheimsekte oberer Gesellschaftsschichten. Als Inkarnation dieser Orgien taucht eine geheimnisvolle Schöne auf. Die Unbekannte spricht ihn an, warnt ihn wiederholt und fordert ihn mehrfach zur Flucht auf. Sie scheint ihn zu kennen, zumindest weiß sie, dass er sich als Außenstehender in den Ball eingeschlichen hat. Die Unbekannte erscheint als eine der Nonnen. Sie trägt eine Maske, »um Stirn, Haupt und Nacken einen schwarzen Schleier geschlungen, unter den schwarzen Seidenspitzen der Larve leuchtete ein blutroter Mund« (S. 43 f.).

Nonne

Die Nonne nimmt unmittelbar intensiven Kontakt mit Fridolin auf. Ihre äußerlichen Kennzeichen sind der mehrfach genannte blutrote Mund, meist Kennzeichen einer Dirne, und die dunklen, unter dem

Schleier intensiv blickenden Augen. Die bis auf die Masken unverhüllten Frauengestalten verwandeln auch bei Fridolin eine »unsägliche Lust des Schauens« in eine »fast unerträgliche Qual des Verlangens« (S. 45). Fridolins Warnerin, die ihn wiederholt zum Verlassen der Villa auffordert, erweckt in ihm eine Art wahnsinniger Trunkenheit: Enttäuscht von allen nicht zu Ende gebrachten Abenteuern der Nacht will er diesmal angesichts dieses duftenden Frauenkörpers sein Leben aufs Spiel setzen, ihr den Schleier vom Gesicht zerren und sich als Eindringling zu erkennen geben. Er trotzt allen ihren Warnungen und bleibt, riskiert sein Leben, denn »die Neugier, die Lockung und vor allem sein Stolz waren stärker als jedes Bedenken« (S. 44). Die Unbekannte wird für Fridolin zum höchsten Ziel seines Verlangens. Angesichts der absoluten Attraktion der Unbekannten wäre Fridolin im Kontext des Orgiastischen bereit, Ehebruch zu begehen und sich damit endlich an Albertine grausam zu rächen. Doch auch hier bricht das Abenteuer abrupt ab. Er wird entdeckt, bloßgestellt und findet selbst keinen Ausweg mehr. Seine Warnerin tritt dezidiert und entschlossen der Männergruppe entgegen und ist bereit, Fridolin auszulösen und damit zu retten. Sie opfert sich selbst, indem sie sich allen hingibt. Sie wirft ihre Tracht ab, löst den Schleier, ihre dunklen langen Haare verdecken ihr Gesicht, sodass Fridolin ihr Antlitz wieder nicht sehen kann. Damit erscheint die Unbekannte als mehrdeutige Figur: Die Schöne wird von der Warnerin zur Retterin, die sich

■ Warnerin

opfert und grausam bestraft wird. Fridolin kennt nur ihren Körper, ihr Gesicht bleibt ihm verborgen – offenbar sieht er in ihr Albertine. Das Gesicht seiner Frau und damit Albertine selbst scheint er »wie […] im Traum[]« (S. 47), in einem Delirium in der Unbekannten zu suchen. Auf dem Weg in das Anatomische Institut erkennt er, »dass ihm, wie er nun erst erschauernd wusste, ununterbrochen seine Gattin als die Frau vor Augen geschwebt war, die er suchte« (S. 88). Während seiner Nachforschungen gewinnt Fridolin immer mehr Sicherheit in der Annahme, dass eine Baronin D., die sich in einem Hotel vergiftet habe und die jetzt im »Pathologisch-anatomischen Institut« (S. 88) liegen müsste, seine schöne Unbekannte sein könnte oder müsste. Sie wurde – so seine Argumentation im Inneren – zur Strafe für seine Rettung in den Selbstmord getrieben. Er findet selbst – sein Kollege Adler folgt ihm – eine Frau, in der er seine schöne Retterin vermutet. Doch genauso anonym, undeutlich, unbestimmt und unheimlich wie die lebende Frau auf dem Fest bleibt die Tote. Fridolin findet einen »Frauenkopf«, den er beleuchtet und »ein wenig empor[hebt]«: »Ein weißes Antlitz mit halbgeschlossenen Lidern starrte ihm entgegen […]. Ob dieses Antlitz […] vielleicht gestern noch schön gewesen – Fridolin hätte es nicht zu sagen vermocht – es war ein völlig nichtiges, leeres, es war ein totes Antlitz.« (S. 91) In dieser völligen Desillusionierung bleiben sowohl die schöne Warnerin auf dem Ball mit ihrem duftenden Körper als auch die Tote mit ihrem

Ihr Opfer

Suizid der Baronin D.

Identität bleibt offen

entstellten Körper ohne Identität und menschliche Gestalt, auch wenn sich Fridolin zu seiner Retterin mehr als zu den anderen drei Frauenfiguren hingezogen fühlt und in ihr Albertine zu sehen glaubt.

Zur Typologie der Frauenfiguren

Marianne: individuelle Eigenschaften

Ein Vergleich der vier Figuren, die Fridolin aus seiner Sicht zufällig trifft, zeigt eine deutliche Entwicklung: Marianne, die junge, langsam verblühende Frau aus der Bürgergesellschaft mit einem Staatsbeamten als Vater, besitzt noch durchaus individuelle Eigenschaften. Merkmale der äußeren Physiognomie, ihres Aussehens, ihrer Kleidung, aber auch innere Verhaltensweisen – etwa die von ihr unter Tränen und körperlichem Verhalten deutlich geäußerte Verliebtheit in Fridolin – zeigen durchaus eine differenzierte Figur. Fridolin ordnet ihr ebenfalls individuelle und geschlechtsspezifische Eigenheiten zu, etwa Merkmale der »Hysterie« (S. 19). Insgesamt erscheint Marianne als komplexere Frauenfigur und nicht als einseitig stereotype Person, gerade auch im Hinblick auf ihre Heirat mit Dr. Roediger und ihre Zukunft, die allerdings offenbleibt; auf Fridolin scheint sie nicht mehr zu hoffen, anders sind ihre Tränen am Ende der zweiten Begegnung nicht zu erklären (S. 79 f.).

Die Prostituierte Mizzi, deren typisierender Name auch für ihren Berufsstand und ihre Profession steht, befindet sich graduell auf einer anderen Ebene. Mizzi verkörpert den Typ des jungen Mädchens, kindlich, zerbrechlich, zutraulich und doch verständnisvoll. Als *femme fragile* oder *femme enfant* sind ihre Figurenmerkmale bereits weniger konkret, abstrakter und zugleich flacher, also weniger definiert: Sie zeigt zwar anfangs ganz offen ihre Rolle, Aufgabe und ihren Stand an, zieht sich jedoch verständnisvoll und einfühlend zurück, als sie Fridolins Angst bemerkt. Sie schützt ihn und hinterlässt bei Fridolin das bereits genannte positive Bild: Sie hat stärker als alle anderen Frauen den Charakter der ›Unschuld‹, ihre Anmut (S. 81) rückt sie nahe an das von Schnitzler selbst entworfene Stereotyp eines ›süßen Mädels‹ heran.

■ Mizzi: *femme fragile*

Der Schritt von Mizzi zu Pierrette enthält weitere Nuancen von Verlusten der Identität. Die gesamte Szenerie bei Gibiser, dem komischen Alten der *Commedia dell'arte*, einer Abwandlung von Pantalone, enthält kaum Elemente von Wirklichkeit. Das Kostümdepot ist ebenso vom schönen Schein des Theaters überzogen wie die als Theaterfiguren Agierenden. Vieles erscheint als vorgetäuscht; die Figur der Pierrette bleibt unscharf, die Figur verschwindet hinter ihrem Theaternamen. Ihre kindliche Art entspricht zum einen dem Typ der *femme enfant* oder *femme fragile*, zum anderen ist sie das kleine Luder, also die Kokotte, die auf Fridolin mit eindeutigen Reizen wirkt. Ihre Aura bleibt wie der ganze Theaterzauber vage; sie verschwindet so rasch, wie sie aufgetaucht ist. Auch das Verhältnis zu ihrem Vater bleibt bis zuletzt spannungsreich besetzt und nicht endgültig zu klären.

■ Pierrette: Kokotte

Die schöne Unbekannte steht zwar für Fridolin an der Spitze seines Verlangens während der Maskenkomödie; als Figur hingegen bleibt sie so abstrakt und gesichtslos wie eine Allegorie des Barocktheaters, etwa die schöne *Frau Welt*. So wie diese Personifikation weiblicher Attraktion und Schönheit besitzt die Unbekannte auf dem Fest der Geheimgesellschaft den nackten »wundersamen Frauenleib« (S. 49) auf der Vorderseite; auf der Rückseite im »Pathologisch-anatomischen Institut« (S. 88) sieht Fridolin in der toten Frau »das Werk der Verwesung schon vorgebildet« (S. 92). Die Frage des Kollegen Adler (S. 92), ob die vor Fridolin liegende Tote die Frau ist, die er sucht, kann Fridolin nicht beantworten. Die Frage muss ohne Antwort bleiben, da dieser Frauentyp, die *femme fatale* des Theaters, Männer in ihren Bann zu ziehen vermag – ohne je ihre wahre Identität preiszugeben. Die Schöne bleibt bis zuletzt anonym und geheimnisvoll, ihr Geheimnis kann selbst im Tode nicht entschlüsselt werden.

Schöne Unbekannte: *femme fatale*

Männer: Zur Typologie der Arztfiguren

Fridolin zeigt in seinem Alltagshandeln und gegenüber seiner Frau das auf den ersten Blick positive Profil eines »hilfsbereite[n] Arzt[es]«, der mit seinen Patienten in der Privatpraxis und in der Poliklinik während der Visiten professionell und fürsorglich umgeht. Auch die notwendigen Assistenzen leistet er mit einer eher durchschnittlichen Routine ab. Aus diesem Blickwinkel ergeben sich drei überschaubare Typologien von Arztfiguren:

Ärzte, die in der Forschung und Wissenschaft vorankommen und eine »[r]asche Karriere« (S. 72) mit dem Ruf auf eine Professur erreichen wie Hügelmann mit seinem dem Aufstieg zum Professor entsprechenden Namen. Dr. Fuchstaler, ein Sekundararzt, der die Abendvisite für Fridolin übernimmt (S. 72), bleibt blass.

Karriereverläufe: rasch …

Fridolin selbst als eher mittelmäßig engagierter und bequemer Typ, der zwar gerne auch wieder in der Wissenschaft und Forschung tätig wäre, aber diese Anstrengungen auf der Karriereleiter aus Bequemlichkeit nicht leistet. Er wird damit die höheren Stufen einer Arztlaufbahn außerhalb der Tätigkeit eines Sekundararztes nicht erreichen (S. 76).

… oder mittelmäßig

Dr. Adler besitzt einen symbolischen Namen, ist früherer Studienkollege Fridolins. Als früherer Burschenschaftler ist er strebsam und bürgerlich. Er arbeitet als Assistent und Wissenschaftler einsam in der Nacht. Dr. Adler durchschaut, seinem symbolischen Namen entsprechend, alle Aktivitäten im pathologischen Institut. Er findet neue Färbemethoden für neue Präparate und lässt Fridolin sogar an seinen wissenschaftlichen Entdeckungen teilhaben (S. 93).

Dr. Adler: strebsam und aufmerksam

Nachtigall hat das Studium der Medizin letzten Endes aufgegeben, ist nicht »Professor der Chirurgie geworden im Geheimen« (S. 29). Er tritt ganz offen und »freudig überrascht« nach seinem etwa 8 Jahre dauernden Verschwinden auf Fridolin zu. Nachtigalls Physiognomie bis hin zu seinen Kleidungsstücken beschreibt ein neutraler Erzähler mit Außenblick präzise wie in einer Regiebemerkung: Ein »ziemlich breiter, beinahe plumper noch junger Mensch« (S. 29), sein Haar, sein Schnurrbart »in polnischer Art« machen ihn in seiner freundlichen Zuwendung zum einen sympathisch. Seine Kleidung auf der anderen Seite steht in einem auffälligen Kontrast zwischen einem durchaus nobleren Anspruch und gleichzeitig angedeuteten Abwertungen. So zeigt sowohl der »etwas speckige[] Frack« als auch das »zerdrückte[] Hemd mit drei falschen Brillantknöpfen« (S. 29), dass Nachtigall als handelnde Figur nicht das hält, was er verspricht: Schein und Sein fallen auseinander, die falschen Knöpfe täuschen etwas vor und stehen für eine Gesellschaft, die dem Schein verhaftet ist. Diese Tatsache verleiht seinem theatralischen Auftritt einen Vorgeschmack der Maskerade, zu der er wie eine Nachtigall Fridolin durch seinen Gesang verführt (»Nachtigall, Nachtigall, was singst du da für ein Lied«, S. 34). Die Halbheiten und Widersprüche im Aussehen setzen sich im Psychogramm der Figur fort. Nachtigall fällt durch sein eigentümliches Klavierspiel, die Harmonien der linken Hand, die Fridolin so vertraut vorkommen, auf (S. 29).

■ Nachtigall: gescheiterte Existenz

Nachtigall hat sich auf seine künstlerische Begabung »ganz [...] verlegt« (S. 29). Eigentlich ist Nachtigall, »Sohn eines jüdischen Branntweinschenkers in einem polnischen Nest« (S. 30), zum Studium der Medizin nach Wien gekommen – ein Wagnis der besonderen Art für einen jungen Mann aus dem ostjüdischen

Milieu. Das Scheitern im Studium ist um 1900 für den »blonden Künstlerkopf« (S. 30) vorprogrammiert. Weitere Einzelheiten dieser zwischen dem gescheiterten Brotberuf und einer fragwürdigen Künstlerexistenz gespaltenen Persönlichkeit erfahren wir in geraffter Form (S. 30–32) durch den Erzähler: Eine Zeitlang konnte er sich noch längere Zeit in medizinischen Kontexten herumtreiben. Beliebt, wie er ist, nimmt er noch an Medizinerstammtischen mit kleinen und größeren Geldsorgen teil. Als sehr begabter Pianist und versierter Klaviervirtuose, der zu improvisieren und am Instrument zu phantasieren versteht, bringt er es zu gelegentlichen, durchaus gekonnten Auftritten an Tanzschulen, im privaten Bereich, bis er nach einem Eklat mit Frauen der höheren Gesellschaft – völlig pleite – aus Wien verschwinden muss. Den Rest berichtet Nachtigall selbst: In Lemberg – am damaligen äußersten Rand der Donaumonarchie – lebt seine Frau mit ihren vier Kindern, alle von Nachtigall, zu denen er immer wieder zurückkehrt (S. 32). Die dramaturgische Funktion der zwiespältigen Figur Nachtigall besteht darin, Fridolins »Courage« (S. 34) anzustacheln und mit der Ankündigung, »solche Weiber« habe er »nie gesehen« (S. 35), ihn endgültig zum Maskenball zu verführen. Gleichzeitig warnt er Fridolin und will seine Verlockung zurücknehmen. Fridolin erkennt auch auf der Maskenkomödie »sofort Nachtigalls wilden, aufreizenden Anschlag«, mit dem sich »irdisch und frech« (S. 45) in einer wollüstigen Steigerung die Frauenkörper nackt präsentieren.

Warner und Verführer

Nach dem Fest der geheimen Gesellschaft verschwindet Nachtigall genauso schnell, wie er aufgetaucht ist. Die Ereignisse auf dem nächtlichen Maskenfest, zu dem er den Freund geführt hat, kann er nicht mehr aufklären. Fridolin findet ihn in seiner Absteige, einem »elende[n] Gasthof« (S. 68) in der vor allem von Juden bevölkerten Leopoldstadt (s. Abb. 2, S. 11), nicht mehr. Nachtigall bleibt als zwiespältige Figur Teil der ebenso verdächtigen wie geheimnisumwitterten Geheimgesellschaft, für die es keine Erklärung gibt.

4. Form und literarische Technik

Gattung

Der Titel der Erzählung *Traumnovelle* besteht aus einem Kompositum. Der Dichter verweist hier zum einen auf die von ihm angestrebte Gattung Novelle, eine feste Form der Erzählung, die seit der italienischen Renaissance in der Literatur existiert. Italienisch *novella* bedeutet ›Neuigkeit‹ und wurde auch außerhalb des Literarischen für die Gesetzesnovelle verwendet, also eine Neuerung in der Gesetzgebung bereits in Italien im 14. Jahrhundert. Das zweite Element des Kompositums, »Traum«, ist ein Begriff, der für Unterbewusstes und Assoziatives steht, was einen Gegensatz zur festen Struktur der Novelle bedeutet. Der im Gegensatz dazu zerfließende Begriff »Traum« wird in das Regelwerk der Novelle eingefügt.

■ Titel

Modellhaft für die Gattung Novelle war *Il Decameron* von Giovanni Boccaccio (1313–1375) mit seiner Sammlung von 100 Novellen. Goethe hat die Novelle als »eine sich ereignete unerhörte Begebenheit« definiert[3]: »Unerhört« heißt noch nie Gehörtes oder in dieser Form noch nie gehörtes Ereignis. Es zielt also auf eine wirkliche Begebenheit, die sich in einem Konflikt zuspitzt und eine Wende (Peripetie) erfährt.

■ Elemente der Novelle

3 Johann Peter Eckermann, *Gespräche mit Goethe in den letzten Jahren seines Lebens*, hrsg. von Christoph Michel unter Mitwirkung von Hans Grüters, Frankfurt a. M. 1999, S. 221 (Gespräch vom 29. 01. 1827).

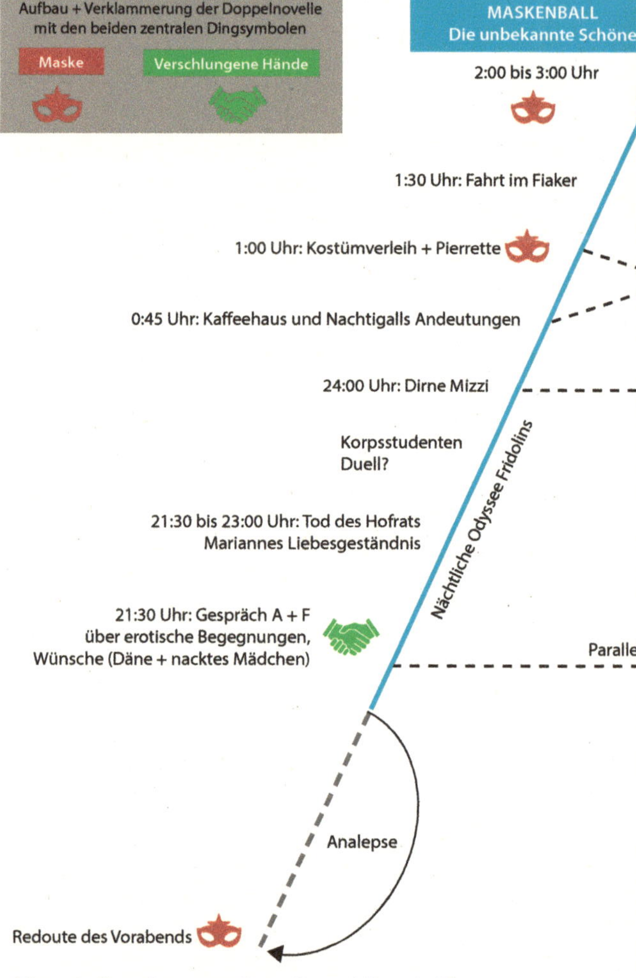

Abb. 5: Aufbau der Doppelnovelle und ihre Verklammerung mit den beiden Dingsymbolen

DOPPELTER HÖHEPUNKT (»Doppelnovelle«)

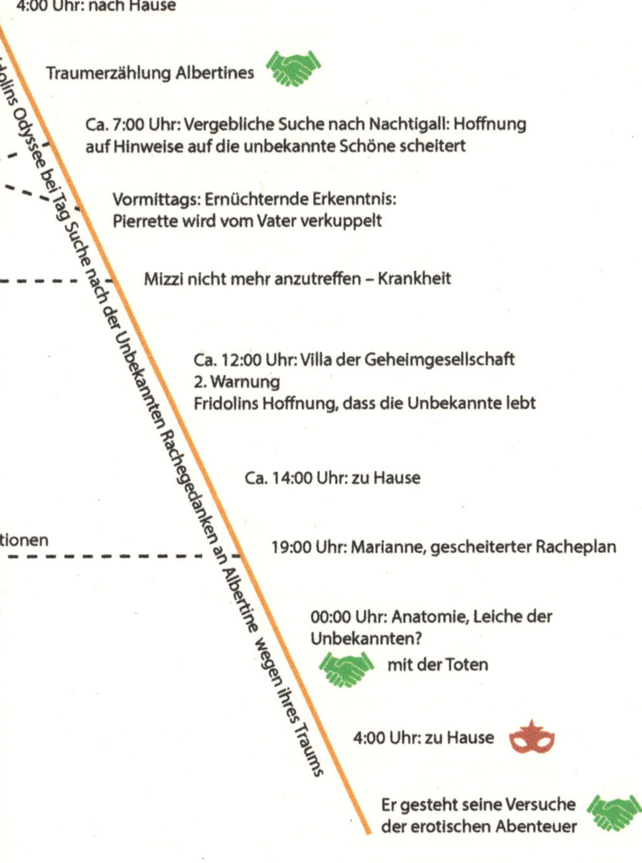

Im 19. Jahrhundert hat Paul Heyse die Form der Novelle nochmals schärfer umrissen. Er greift auf Boccaccio zurück, erarbeitet daraus einen pyramidalen Aufbau und definiert als zentrales Merkmal der Novelle ein Dingsymbol, das die Ereignisse sinnhaft verklammert. Jede literarische Strömung hat sich ihren Begriff der Novelle neu geformt. Die Romantik (Ludwig Tieck oder E. T. A. Hoffmann) verwob poetische Welten des Wunderbaren mit der Wirklichkeit. Im Realismus wurden aus realistischen Konfliktsituationen im Inneren ausgetragene Konflikte.

Schnitzlers *Traumnovelle* knüpft in drei Punkten an die traditionelle Novellendefinition an: dramenähnlicher Aufbau, Dingsymbol und Wirklichkeitsbezug.

Aufbau

■ Exposition

Die Exposition (Kapitel I) zeigt Fridolin und Albertine mit der kleinen Tochter. Die Rückerinnerung an den am Vorabend besuchten Ball thematisiert, dass die beiden zunächst eigene Wege gehen, dabei geheimnisvolle ihre außereheliche erotische Phantasie anregende Begegnungen haben und sich schließlich als Liebespaar in einer leidenschaftlichen Begegnung zu Hause wiederfinden.

■ Spannungserregende Momente

Die (wie im klassischen Drama) spannungserregenden Momente umfassen die Kapitel II–IV, S. 41, Z. 18. Dieser Teil umfasst Fridolins nächtlichen Gang durch Wien, die Begegnungen mit Marianne und ihr Liebesgeständnis an ihn, mit der Einladung der Dirne

Mizzi und mit der koketten Kindfrau Pierrette, die ihn um seinen Schutz anfleht. Auch die Andeutungen Nachtigalls von den »nackte[n]« »Weiber[n]« (S. 35) auf der Geheimgesellschaft reizen Fridolins erotomane Phantasie.

Der doppelte Höhepunkt (Kapitel IV, S. 41 und Kapitel V) ist das Erlebnis der gespenstischen Orgie in der Geheimgesellschaft, die ihn als unberechtigten Teilnehmer entlarvt. Seine Rettung gelingt durch die Aufopferung der unbekannten Warnerin, die er heiß begehrt. Zeitgleich träumt Albertine ihren erotisch-sexuellen Traum, in dem reale Figuren der Vergangenheit (der Däne, das nackte Mädchen) in neuen Assoziationszusammenhängen erscheinen. Ihren Mann lässt Albertine im Traum mit Hohngelächter ungerührt ans Kreuz schlagen.

■ Doppelter Höhepunkt

Das Kapitel VI stellt die retardierenden Momente dar. Fridolin sucht nach der ihn sehr erschütternden Traumerzählung Albertines und seinen zum Teil ihn völlig verwirrenden nächtlichen Erlebnissen Klarheit zu erlangen. Er hofft lange Zeit, seine unbekannte Retterin wiederzufinden, was nahezu unmöglich ist, da er ihr Gesicht nicht kennt.

■ Retardierende Momente

Kapitel VII bringt mit Albertines verzeihendem Verstehen der nächtlichen Erlebnisse Fridolins eine scheinbare Lösung mit der Einsicht, »heil davongekommen« (S. 97) zu sein. Einer völligen Harmonie für die Zukunft dieser Ehe widerspricht Albertine: »Niemals in die Zukunft fragen.« (S. 97) Damit antwortet sie auf Fridolins »Für immer« (S. 97). Der Schluss zeigt

■ Schluss

ein offenes Ende, was die psychischen Hintergründe betrifft. Diese Ehe ist keineswegs auf Dauer frei von Anfechtungen. Bei Schnitzler und vielen Schriftstellern seiner Zeit zeigt sich, dass die auf eine Lösung angelegte traditionelle Form der Novelle am Ende zerfließt, da sie ihren Gehalt aus gestörten psychischen Vorgängen schöpft.

Dingsymbol und Leitmotive

■ Maske

Die Maske ist das Dingsymbol in Schnitzlers Novelle und gleichzeitig das die gesamte Erzählung verklammernde Leitmotiv. Von der Karnevalsredoute am Vorabend mit geheimnisvoll maskierten Teilnehmern (S. 6) zieht das Dingsymbol sich über die theatralische Szene im Kostümverleih (S. 36–40), über die Masken in der Geheimgesellschaft (S. 43–45, 50–52) bis zur Maske auf Fridolins Kopfkissen (S. 95–97). Das Symbol der Maske steht für verdecktes Handeln, Scheinhaftigkeit, Verbergen, Verhüllen oder Aufdecken von Wirklichkeiten. Beim Maskenverleiher Gibiser symbolisiert die Maske Lust und Gewalt. Fridolin kann die hier in Masken und Kostüme gekleideten Personen nicht deuten. Die Masken der nackten Nonnen verrätseln jegliche Identifizierung der Frauen, so dass auch zuletzt der völlig entkleidete, demaskierte Leichnam der vergifteten Frau keine Identifizierung für Fridolin zulässt (S. 91–95).

■ Farbe Rot

Die Farbe Rot verklammert ebenfalls leitmotivisch den Text. Diese Farbe ist, wenn sie sich auf Frauen bezieht, ein Zeichen für Verführung und Sexualität wie bei Mizzi, die auf den ersten Blick »rotgeschminkte[] Lippen« (S. 24) hat und einen roten Schlafrock besitzt. Die Farbe symbolisiert neben Sexualität aber auch Gefahr, etwa bei der unbekannten Warnerin mit »blutrote[m] Mund« (S. 45). Der rotgekleidete Kavalier, der Fridolin als Eindringling demaskieren will, stellt eine Bedrohung dar. Femrichter gehören zu heimlichen Gerichten und schützen sich daher mit der völligen roten Vermummung vor dem Erkanntwerden und damit vor Revanche. Die roten Dominos, die Fridolin auf der Redoute in eine Loge führen und »auffallend genauen Bescheid« (S. 6) über seine Studentenzeit und frühe Spitalzeit wissen, verschwinden geisterhaft. Die erotische Spannung, die sie erzeugen, geht ins Leere, denn sie sind im Ballsaal unauffindbar. Die Farbe Rot ist also hier eher als Vorausdeutung auf Fridolins nächtliche Odyssee und den Höhepunkt zu deuten. Das rote Prinzengewand, das Pierrette statt der Mönchskutte für Fridolin kokettierend vorschlägt, lehnt dieser ab und widersteht damit der Versuchung.

Farbe Gelb

Die Farbe Gelb als allgemein verständliches Zeichen für Neid und Eifersucht taucht als Attribut des Dänen mit der »gelbe[n] Handtasche« (S. 8) in Albertines Erzählung von den Sommertagen in Dänemark auf. Als »gelbe[] Reisetasche« (S. 19) erscheint die Farbe in Fridolins bitteren Gedanken, als er von Mariannes Liebesgeständnis bedrängt wird. Schließlich wird die »gelblederne Handtasche« (S. 63) zum Attribut des nackt herumirrenden Fridolin in Albertines Traum.

Die vier Frauengestalten in Fridolins nächtlichen Abenteuern stehen in einem leitmotivischen Zusammenhang. Die olfaktorischen Wahrnehmungen Fridolins werden in der ungelüfteten Wohnung des Hofrats gleich zu Beginn deutlich: »Es roch nach alten Möbeln, Medikamenten, Petroleum, Küche; auch ein wenig nach Kölnisch Wasser und Rosenseife« (S. 14). Marianne selbst verströmt einen »süßlich faden Geruch« (S. 15), der Fridolin abstößt. Es ist nicht zuletzt der Geruch, den er an Mizzi und ihrem Zimmer viel »angenehmer« (S. 25) empfindet. Auch Pierrette wirkt anziehend durch ihren Duft: »[...] von ihren zarten Brüsten stieg ein Duft von Rosen und Puder auf« (S. 38). Auf dem Maskenfest der geheimen Gesellschaft gehört ein angenehmer Duft zu den ersten Eindrücken Fridolins: »Ein fremdartiger, schwüler Wohlgeruch, wie von südländischen Gärten, umfing ihn« (S. 43). Auch die herrliche, von ihm begehrte Frau zieht ihn nicht zuletzt durch ihren Duft an und hält ihn damit trotz aller Warnungen von einer Flucht ab: »das ungestillte, quälende Verlangen nach dem wundersamen Frauenleib, dessen Duft noch um ihn strich« (S. 49).

■ Gerüche

Die Wetterveränderungen, die Fridolin von Kapitel II bis Kapitel IV physisch wahrnimmt, begleiten ihn auf seiner ersten Odyssee durch die Nacht. Sie stellen nicht nur eine atmosphärische Kulisse dar, sondern verbinden genauso wie seine olfaktorischen Wahrnehmungen die Begegnungen mit den vier Frauen dieser Nacht. Gleich zu Beginn seines nächtlichen Weges als Arzt zu Mariannes Vater muss er den

■ Wetter

Winterpelz öffnen, da »plötzlich Tauwetter eingetreten« (S. 14) war und Frühlingslüfte im Gegensatz zum Schneegestöber der vorhergehenden Nacht wehen. Es hat sich aber nicht nur das Wetter gewendet, auch im Inneren Fridolins hat sich seit den Geständnissen der sexuellen Wunschgedanken Albertines etwas verändert: Er ist sich Albertines nicht mehr sicher. »[...] kleine schmutzig-weiße Häuflein« (S. 21) von Schnee liegen in den Straßen, die Luft wird »trügerisch warm[]«, ist »schwanger von Gefahren« (S. 21). Der Anblick von Schmutz, die eigene Bewertung der ungewöhnlichen Wärme im Februar offenbart sich an seinem Weg durch den Rathauspark (S. 21): Einem dort liegenden Obdachlosen schenkt er kein Almosen aus Angst, einer strafbaren homoerotischen Beziehung mit dem armen Menschen verdächtigt zu werden. Überhaupt fällt ihm in seiner zunehmenden Verunsicherung früher Erlebtes ein, Ängste vor tödlichen Verletzungen in Duellen, Ängste vor Ansteckung bei kranken Patienten. Mit verunsichernden Gedanken gerät er in seinem ziellosen Herumschweifen in die Fänge einer Straßendirne. Wieder zurück in der engen Gasse verspürt er den »laue[n] Wind« und den Duft von »fernem Bergfrühling« (S. 27). Er ist froh, die Liebesdienste der Dirne abgelehnt zu haben, aber er schlägt wider alle Vernunft nicht den Weg nach Hause ein; der laue Frühlingswind treibt ihn weiter weg. Als er ausgestattet mit einer Kostümierung mit einem Fiaker der Trauerkutsche zur Villa der Geheimgesellschaft folgt, spürt er, wie »unnatürlich warme Luft«

(S. 41) ihn umweht. Voll neugieriger Begierde will er sich in das von Nachtigall angedeutete orgiastische Treiben stürzen. Als er als Eindringling erkannt nachts um drei aus der Villa geworfen wird, haben sich die linden Föhnlüfte gewandelt: »Der Wind blies heftig, über den Himmel hin flogen violette Wolken« (S. 53). Die bedrohliche Wetterlage, der streng gestische Befehl in die Trauerkutsche zu steigen, deren Türen sich automatisch verschließen, erfüllen ihn mit ängstlichen Fragen über das Schicksal der schönen Unbekannten und der Art ihres Opfers: Oder war sie nur eine Dirne und das Ganze eine Komödie? Die wirren Gedanken und Ängste, die Frage, ob er nur im Fieberdelirium phantasiere, verfolgen ihn weiter, als die Türen der Kutsche vor der Stadt in einer schneebedeckten Wiese wie von selbst aufspringen. In seiner Verlassenheit sieht er: »Der Himmel war bedeckt, die Wolken jagten, der Wind pfiff« (S. 55). Diese Wettermetapher verdeutlicht anschaulich seine jagenden verworrenen Gedanken über das unerklärliche orgiastische Erlebnis in der Villa. Der Wind wandelt sich in »Sturm[ ]« (S. 56). Alle Erlebnisse dieser Nacht wirbeln durch seinen Kopf, vor allem die vier nicht realisierten Abenteuer mit den vier Frauen. Er beschließt nicht zu ruhen, ehe er die abgebrochenen erotischen Abenteuer zu Ende bringen würde. Am nächsten Tag hat der Sturm sich gelegt. »Der Himmel war blassblau, mit weißen Wölkchen, und die Sonne schien frühlingswarm« (S. 74). Nach enttäuschenden Anläufen, sein Vorhaben zu Ende zu bringen, hofft er, die unbekannte Retterin in der Villa zu treffen. Aber dieses Mal trügt die meteorologische Metaphorik. Der geheimnisvolle Brief mit der zweiten Warnung erweist sich als trügerische Hoffnung. Die Wettermetaphorik hat in bildlicher Weise Fridolins Seelenlage bei der nächtlichen Irrfahrt gespiegelt und die vier Erlebnisse zwar graduell abgestuft, aber doch miteinander verknüpft.

Auch die Zahl 2 hat leitmotivischen Charakter. In einem »doppelten Cursus« (zwei ähnlichen ›Abenteuerreisen‹, wie sie in mittelalterlichen Epen typischerweise vorkommen) sucht Fridolin sich mit anderen Frauen für die eingestandenen erotischen Wunschgedanken Albertines zu rächen. Zwei Femrichter findet er bei Gibiser. Zwei Begleiter bringen die unbekannte Retterin ins Hotel, zwei Begleiter beschleunigen Nachtigalls Abreise. Fridolin erhält zwei Warnungen der geheimen Gesellschaft.

■ Zahl 2

Im Kopf Fridolins lassen auch gleiche Altersangaben Verbindungen aufblitzen zwischen seiner Frau Albertine, die bei ihrer Verlobung mit ihm 17 Jahre alt war und Mizzi, die angibt, erst 17 Jahre alt zu sein. Diese Assoziation umkreist seine Schlussfolgerung: »Eine wie die andere [...] und Albertine ist wie sie alle – sie ist die Schlimmste von allen. Ich werde mich von ihr trennen.« (S. 72) Auch das Märchen des Anfangs taucht in einer Doppelung im Traum Albertines wieder auf: Galeerensklaven rudern Prinz Amgiad zum Palast des Kalifen (S. 5). In Albertines Traum wird Amgiad zu Fridolin im orientalischen Prachtgewand, der von Sklaven über den Wörthersee gerudert

■ Parallelen

wird und der sie gleichfalls orientalisch gekleidet aus dem Fenster hebt und mit ihr über neblige Wiesen entschwebt (S. 61).

Dänemark/ Däne

Ein mehrfach wiederkehrendes Motiv, das Fridolins ohnmächtige Eifersucht immer neu entfacht, ist der Gedanke an den Dänen aus Albertines Erinnerung an Dänemark oder die Erwähnung von Dänemark als Einlassparole für die Geheimgesellschaft (S. 41). Selbst nichtige Anlässe wie der freche Korpsstudent (S. 22) lassen in ihm die Assoziation an den von Albertine begehrten Dänen hochkommen. Auch das Mädchen vom dänischen Strande, das Fridolins Begehren weckt (S. 10), gehört in diese Motivkette. In Albertines Traum erscheint der Däne als Liebhaber Albertines, während sich das blonde Mädchen als grausame Fürstin gegenüber Fridolin erweist.

Verschlingung der Hände

Das Motiv der sich in Liebe berührenden Hände, das gleich zu Beginn der Novelle auftaucht, zeigt die Zuneigung von Fridolin und Albertine und zugleich die Liebe zur kleinen Tochter: es »trafen sich die Hände der Eltern auf der geliebten Stirn« (S. 5). Am Ende der Suche nach der unbekannten Retterin wird das Motiv wieder in makabrer Weise aufgegriffen. Fridolin steht in der Totenkammer der Klinik vor einer Frauenleiche, er berührt Stirn, Wangen, Schultern und Arme der Toten; »dann schlang er seine Finger wie zu einem Liebesspiel in die der Toten, und so starr sie waren, es schien ihm, als versuchten sie sich zu regen, die seinen zu ergreifen« (S. 92). Diese nekrophile Anwandlung Fridolins, die Kollege Adler unterbindet, stellt das Ende von Fridolins gescheiterter abenteuerlicher Suche nach Erfüllung seines erotischen Begehrens dar. Ein innerer Rahmen mit diesem Leitmotiv umschließt den zweiten Teil des Höhepunkts, die Traumerzählung Albertines. Sie wird szenisch umschlossen von den sich umschlingenden Händen des Ehepaars: »er nahm sie, und gewohnheitsmäßig, mehr zerstreut als zärtlich, hielt er wie spielend ihre schlanken Finger umklammert« (S. 60). Fridolin vergisst bei der ihn entsetzenden Traumerzählung ganz, dass er die Hand Albertines noch in der seinen hat: »Nun merkte er, dass er immer noch ihre Finger mit seinen Händen umfasst hielt« (S. 66). Da er sich eigentlich voll Hass von ihr abwenden möchte, empfindet er trotz allem »für diese schlanken, kühlen, ihm so vertrauten Finger eine unveränderte, nur schmerzlicher gewordene Zärtlichkeit« (S. 67). Nicht zuletzt während der Geständnisse seiner nächtlichen Odyssee und seinen gescheiterten Nachforschungen am darauffolgenden Tag fasst Fridolin die vertraute Hand seiner Frau Albertine und »behielt sie in der seinen« (S. 96) als Trost und Halt. Dieses Motiv umschließt die ganze Novelle und damit den äußeren Rahmen. Das Leitmotiv der sich umschlingenden Hände, die für Zuneigung und Vertrauen stehen, stellt einen Gegensatz zum Dingsymbol der Maske dar.

Ein zentrales Doppelmotiv der *Traumnovelle* ist der Zusammenprall von Sexualität und Tod. Sigmund Freud definiert in seiner *Traumdeutung* (1899) und in *Jenseits des Lustprinzips* (1920) die »Lebens- und Sexualtriebe« und die »Todestriebe«[4] als die Faktoren, die das Handeln des Menschen wesentlich bestimmen. Die Sexualtriebe dienen »der Selbsterhaltung, beziehungsweise [der] Erhaltung der eigenen Art«, die »Todestriebe dem Streben alles Lebenden, zur Ruhe der anorganischen Welt zurückzukehren«[5]. In Anlehnung an griechische Gottheiten nennt er die Pole Eros (Liebesgott) und Thanatos (Todesgottheit). Zwischen ihnen entsteht eine Dialektik, die das menschliche Leben mehr oder weniger bestimmt. Schnitzler hat diese dualistisch konzipierte Sexualtheorie Freuds in ein literarisches Motiv verwandelt und in der *Traumnovelle* vielfältig variiert. Es zeigt sich in Fridolins Begegnung mit Marianne, die ihm ihre Liebe vor dem Totenbett des Vaters gesteht. Auch im Zusammentreffen mit der jungen Dirne Mizzi ist Fridolin sexuell angezogen, ahnt aber gleichzeitig in ihrer Blässe eine ansteckende tödliche Erkrankung. Auch in der Begegnung mit der schönen Unbekannten verbinden sich Eros und Thanatos. Er begehrt ihren Körper. Todesmutig will er bei ihr bleiben: »Es kann nicht mehr auf dem Spiel stehen als mein Leben, sagte er, und das bist du mir in diesem Augenblick wert« (S. 47). Für seine Freigabe opfert sie sich mit ihrem Freitod. In drastischer Form fallen Eros und Thanatos in der Anatomie-Szene zusammen: Fridolin beginnt ein makabres Liebesspiel mit den Fingern der Leiche, die die schöne

Zwei Triebe: Eros und Thanatos

4 Sigmund Freud, *Jenseits des Lustprinzips*, hrsg. von Lothar Bayer und Hans- Martin Lohmann, Stuttgart 2013, S. 60.

5 Ebd., S. 75.

Unbekannte sein könnte. Im versuchten Liebesspiel verbinden sich das Eros/Thanatos-Motiv und das Dingsymbol der sich umschließenden Hände.

Die Schlussphase von Albertines Traumerzählung hat eine Bildwirkung, die alle Grenzen überschreitet: Fridolin stirbt am Kreuz, während sich auf der Wiese eine Orgie abspielt und Albertine mitten darin in den Armen des Dänen liegt.

Sprache und Stil

Austriazismen und Dialekte

Viele Austriazismen und idiomatische Ausdrücke charakterisieren die Wiener Atmosphäre: So heißt die Kutsche Fiaker, die Hausmeisterin Hausbesorgerin, ein kleines Zimmer ist ein Kabinett, ein Sekundararzt ist ein Oberarzt, ein verworfenes Geschöpf steht für verdorbenes Geschöpf. Auch Mizzi wird durch ihren Wiener Soziolekt »No, wie wir i denn heißen? Mizzi natürlich« (S. 25) als der Unterschicht zugehörig beschrieben. Auch das »nicht unhübsche[] Frauenzimmer« am nächsten Tag, Berufskollegin Mizzis, verwendet denselben Wiener Jargon umgangssprachlicher Art: »Na, wenn's der Herr eh weiß. Aber mir sein g'sund« (S. 82). Nachtigall hingegen spricht den der deutschen Sprache zugehörenden ostjiddischen Dialekt eines aus Polen stammenden und momentan in Galizien beheimateten Ostjuden: »Ich bin doch so beriehmt«. »Hast du mich jetzt nicht geheert? Jetzt äben?« (S. 29). Auch Gibiser benutzt typische Wendungen der gesprochenen Sprache, die den sozialen Unterschied zwischen dem Arzt und einem einfachen Maskenverleiher verdeutlichen: »Wie meinen der Herr?« (S. 69).

Der ehemalige Studienkollege Adler in der Pathologie spricht mit dem Kollegen natürlich eine verkürzte Fachsprache: Er sagt »der Pleuratumor« und meint damit den Verstorbenen. Er spricht in ironisch-sarkastischer Distanz vom »Addison, den ihr uns heute heruntergeliefert habt, liegt noch in holder Unberührtheit [...]. Sektion morgen früh acht Uhr dreißig« (S. 89). Damit zeigt sich in der sprachlichen Kommunikation der beiden Mediziner eine verständliche Deformation, die beruflich bedingt ist und Menschliches ausklammert. Auch Fridolin verwendet dabei eine Sprache, die sein ganz privates Anliegen, eine Frau zu suchen, die sich für ihn geopfert hat und die er selbst heiß begehrt hat, stark versachlicht. Daher stellt Fridolin beim Verlassen der Pathologie fest, dass die Leiche der schönen Unbekannten ihm »nichts anderes mehr bedeuten« konnte als »zu unwiderruflicher Verwesung bestimmt« (S. 95) zu sein.

■ Medizinische Fachsprache

Erzählperspektive

Schnitzler setzt in Kapitel 1 einen neutralen Erzähler ein, der aus einer außenstehenden Erzählperspektive (heterodiegetisch) objektiv über die Familiensituation um 9 Uhr abends berichtet. Dass der Erzähler darübersteht, zeigt sich auch gleich mit einer Analepse (Rückblende) auf die Redoute des Vorabends und de-

■ Neutraler Erzähler zu Beginn

ren für den Ablauf der Novelle wichtigen Begegnungen. Der Erzähler berichtet in Figurenreden und Dialogen von den drei erotisch anziehenden Maskierten, denen sich die Ehepartner entzogen haben; andere erotische Begegnungen steigen jedoch aus der Vergangenheit ins Bewusstsein und werden gegenseitig gebeichtet.

Personale Erzählsituation

Fast unmerklich gleitet das neutrale Erzählerverhalten ab Kapitel II bis zum Schluss in eine personale Erzählsituation über. Der personale Erzähler nimmt weitgehend die Sicht Fridolins ein. Alles wird aus seiner Wahrnehmung geschildert, auch seine Gedanken: »Warum tut sie das? Verliebt ist sie gewiss nicht in ihn [...]. Was kümmert's mich. Es ist wohl möglich, dass ich sie niemals wiedersehen werde« (S. 16).

Innerer Monolog

Erlebte Rede

Die deiktischen Verweise sind ebenfalls nur in subjektiver Sicht möglich. Auch seine Gedanken werden hier im Inneren Monolog dem Leser unmittelbar vergegenwärtigt. Als die junge Prostituierte Mizzi ihn anspricht und er ihr fast willenlos folgt, assoziiert er frühere Erlebnisse folgendermaßen: »Seit seiner Gymnasiastenzeit hatte er mit einem Frauenzimmer dieser Art nichts zu tun gehabt. Geriet er plötzlich in seine Knabenjahre zurück, dass dieses Geschöpf ihn reizte?« (S. 25) Der Fragesatz verwendet mit der dritten Person Singular und dem Präteritum das Stilmittel der Erlebten Rede. Auch in längeren Passagen wird die Erlebte Rede für Halbbewusstes verwendet, wie zum Beispiel nach der Begegnung mit dem ihn provozierenden Korpsstudenten (S. 23). Obwohl Fridolin immer wieder ein Gefühl der Unsicherheit und der Zweifel auf dem Ball der Geheimgesellschaft überfällt, geben Assoziationen an sein Selbstwertgefühl ihm den Mut, sogar sein Leben aufs Spiel zu setzen für die Unbekannte, die eine zweifelhafte Figur sein könnte: »[...] in dem königlichen Adel ihres unverhüllten Leibes war etwas gewesen, das unmöglich Lüge sein konnte. Oder hatte vielleicht nur seine, Fridolins plötzliche Erscheinung als Wunder gewirkt, sie zu verwandeln?« (S. 54)

Realitätsbezug?

Fridolins Erlebnisse dieser Nacht, in die er immer »plötzlich« (S. 14, 17 f., 24 f.) hineingerät, vermitteln dem Leser etwas unwirklich Traumhaftes, das den Protagonisten davor bewahrt, schuldig zu werden. Diese Erlebnisse stellt Schnitzler als »Mittelbewusstsein« mit den Mitteln des Inneren Monologes und der Erlebten Rede dar. Objektive Wirklichkeit von diesen aus dem Mittelbewusstsein kommenden Wahrnehmungen zu trennen, bleibt schwierig, denn der personale Erzähler spielt dem Leser nur die durch Fridolins Kopf gesehene und gefühlte und damit subjektive Wirklichkeit vor. Selbst Albertines Traum, den sie in wörtlicher Rede wiedergibt, wird durch Fridolins Perspektive geschildert und überformt (S. 60–66).

Mittelbewusstsein

Erzählte Zeit und Erzählzeit

Die Erzählzeit ist die Zeit, die man zum Lesen oder Erzählen eines Textes braucht. Im Gegensatz dazu umfasst die erzählte Zeit die Zeiträume, über die erzählt wird. In der *Traumnovelle* ist das durch die genauen Zeitangaben sehr gut zu errechnen. Die erzählte Zeit erstreckt sich von 21 Uhr des ersten Tages bis 7 Uhr des dritten Tages, also genau 34 Stunden. Die Erzählzeit ist also wesentlich kürzer als die erzählte Zeit von 34 Stunden. Die erzählte Zeit verläuft nicht gleichmäßig über die Stunden verteilt; es liegen Aussparungen und Raffungen vor, beispielsweise in beiden Nächten von 4 bis 7 Uhr. Zeitdeckend wird vor allem in den Kapiteln II–V gearbeitet, fast zeitdehnend im Entschluss Fridolins, nach dem Krankenbesuch nicht nach Hause zurückzukehren, sondern umherzuschweifen, seinen assoziativen Gedanken nachzuhängen und sich treiben zu lassen, um seiner Enttäuschung und Unsicherheit in seinem gestörten Verhältnis zu Albertine Herr zu werden. Zeitdeckend, also szenisch, wird die Erzähltechnik auf dem Fest der Geheimgesellschaft sowie in Albertines Traum – beide Höhepunkte laufen gleichzeitig (2–3 Uhr) ab. Beide Textteile haben als Thema außereheliches sexuelles Begehren. Wesentlich rascher läuft die Odyssee bei Tag ab; hier wird gerafft mit wenig szenischen, also zeitdeckenden Anteilen. Erzähltechnisch wird die Geschwindigkeit erst in der Anatomie zurückgenommen und die Szenerie damit breiter zeitdeckend gestaltet.

■ Erzählte Zeit: 34 Stunden

Verhältnis Handlung – Zeit ➤ Erzählgeschwindigkeit				
Kapitel	**Umfang**	**Handlung**	**Zeitangabe**	**Erzählgeschwindigkeit**
I	9 S.	Zu Hause: Gespräch Fridolins und Albertines, Rückblende (Analepse) auf Redoute des Vorabends, Sommer in Dänemark, Wörthersee vor der Verlobung	21 Uhr	szenisch dann Zeitsprünge, zeitraffend
II	6,5 S.	Patientenbesuch Toter Hofrat – Marianne und ihr Liebesgeständnis	ca. 21:30–23 Uhr	szenisch
III	4 S.	Unentschlossenes Umherschweifen (Liebespaare, Obdachloser, freche Korpsstudenten) Gedanken, Erinnerungen im Halbbewussten	23 Uhr	zeitdehnend
	3 S.	Straßendirne Mizzi		szenisch
IV	9 S.	Im Café Begegnung mit Nachtigall Andeutungen der orgiastischen Geheimgesellschaft	ca. 0–0:45 Uhr	Dialoge szenisch, zeitraffend in der Analepse des Schicksals Nachtigalls
	4,5 S.	Kostümverleih Gibiser: Pierrette	1–1:15 Uhr	szenisch
	1,5 S.	Fahrt im Fiaker zur Villa	1:30 Uhr	zeitraffend
	10 S.	Die Geheimgesellschaft, die schöne Unbekannte, Warnerin, das Opfer	2–3 Uhr	szenisch

Kapitel	Umfang	Handlung	Zeitangabe	Erzählgeschwindigkeit
	2 S.	Rückfahrt in der Trauerkutsche Verstörende Gedanken Fridolins		zeitraffend, z. T. szenisch
	2,5 S.	Fußweg, Mietkutsche, Ankunft zu Hause		Ellipse
V	9 S.	Zu Hause: Albertines Traumerzählung	4 Uhr	szenisch
VI		Fridolin beginnt die Suche nach der schönen Unbekannten:	7 Uhr	
	0,5 S.	Nachtigall: abgereist, vergebliche Spur	vormittags	zeitraffend
	2 S.	Maskenverleih und Pierrette: gescheitertes Hilfsangebot	vormittags	szenisch
	3 S.	Fahrt zur Villa des orgiastischen Balls; Brief an ihn; Hoffnung, dass sie lebt	nachmittags	szenisch
	1,5 S.	Unterbrechung: Mittagessen zu Hause und Privatsprechstunde		zeitraffend Ellipse
	3,5 S.	Marianne; Sexabenteuer scheitert an seiner Kälte	19–19:30 Uhr	szenisch
	1,5 S.	Besuch bei Mizzi scheitert		
	4 S.	Wiederaufnahme der Suche nach der schönen Unbekannten. Café: Zeitungsnachricht von der Vergiftung einer jungen Frau, Baronin D., Suche nach ihr in zwei Hotels. Klinik: er erfährt, dass sie verstorben ist	nach 20 Uhr	stark zeitraffend
				Ellipse

Kapitel	Umfang	Handlung	Zeitangabe	Erzählgeschwindigkeit
	7 S.	Pathologisch-anatomisches Institut: Dr. Adler; Leiche einer jungen Frau, aber nicht eindeutig als die Gesuchte zu identifizieren	ca. 24 Uhr	szenisch
				Ellipse von ca. 3 Stunden
VII	2,5 S.	Zu Hause: Fund der Maske, Fridolin gesteht seine beiden Odysseen	4 Uhr	zeitraffend
		Traumloser Schlaf		Ellipse
		Ein neuer Tag beginnt mit Kinderlachen	7 Uhr	

5. Quellen und Kontexte

Die Bedeutung Freuds

Trotz des aus heutiger Sicht erkennbaren Abstands zu den Erkenntnissen Sigmund Freuds und seiner Schule lässt sich feststellen: Bedeutende Werke der Autoren der Wiener Moderne wie die Arthur Schnitzlers stehen in einem unmittelbaren Kontext zur epochemachenden Schrift *Die Traumdeutung* Sigmund Freuds von 1899 (vordatiert auf 1900). Freuds Ausgangsthese, dass der »Traum […] ein vollgültiges psychisches Phänomen und zwar eine Wunscherfüllung« und damit »eine hoch komplizierte geistige Tätigkeit«[6] sei, setzt die entscheidenden Impulse in Gang. Die bis zu Freud vielfach noch vorherrschende Auffassung vom menschlichen Subjekt als einem freien, selbstbestimmten und unveränderbaren Individuum ist überwunden. Freud versucht dagegen herauszufinden, wie unbewusste Triebe der Menschen, wie »sexuelle Triebkräfte«[7] schon bei Kindern mit Vorstellungen und Normen der jeweiligen Gesellschaft zusammenstoßen und Konflikte hervorrufen. Um diese Konflikte – angenommene Ursache für psychische Störungen – analysieren zu können, bespricht Freud mit seinen Patienten auch deren Träume. Verdrängte Wünsche, Ängste, Triebimpulse, werden im Traum zu Bildern und Symbolen, die entschlüsselt und be-

■ Freuds *Die Traumdeutung* (1899)

6 Wunberg (s. Anm. 1), S. 158.
7 Ebd., S. 168.

schrieben werden können. »Der Traum ist die (verkleidete) Erfüllung eines (unterdrückten, verdrängten) Wunsches«.[8] Das »Bewusstwerden« der Traumwünsche ist ein »besonderer psychischer Akt«.[9] Der Arzt, Wissenschaftler und Dichter Schnitzler hat bereits 1900 Freuds *Traumdeutung* gelesen. Er ist von der Lektüre so beeindruckt, dass er mehrfach und immer wieder davon träumt (Tagebuch 26.3.1900)[10]. In seinem eigenen Traumtagebuch 1875–1931 erinnert er sich, »dass ich, als ich Freuds *Traumdeutung* las, 1900, auffallend viel und lebhaft träumte und selbst im Traum [die Träume] deutete«[11]. Für ihn sind Träume der Stoff, auf den sich seine Texte beziehen. Er notiert von jungen Jahren an bis zum Ende seines Lebens seine eigenen Träume im *Tagebuch* und in der Sammlung *Träume*. Träume als eine zentrale Ausdrucksform seelischer Vorgänge begleiten den fast 20 Jahre dauernden Entstehungsprozess der *Traumnovelle*.

■ Schnitzlers Traumtagebuch 1875–1931

Frühe Entwürfe

■ Vier Entstehungsperioden

Anhand einer Mappe und des Tagebuchs lässt sich die Genese des Textes sehr genau erschließen. Die Mappe

8 Sigmund Freud, *Die Traumdeutung. Eine kommentierte Auswahl*, hrsg. von Jens Heise, Stuttgart 2019, S. 63.

9 Ebd., S. 56.

10 Vgl. Arthur Schnitzler, *Tagebuch*, hrsg. von der Kommission für literarische Gebrauchsformen der Österreichischen Akademie der Wissenschaften, Bd. 2, Wien 1989, S. 325.

11 Arthur Schnitzler, *Träume. Das Traumtagebuch 1875–1931*, hrsg. von Peter Michael Braunwarth und Leo A. Lensing, Göttingen 2012, S. 52.

versah Schnitzler Ende der 1880er Jahre mit dieser Notiz: »Tag und Traum / Wer war's, der träumte? – / Traum nur Traum. –« Einschließlich dieser Notiz lassen sich nach den Untersuchungen von Achim Aurnhammer[12] insgesamt vier Entstehungsperioden belegen.

Zusammenhängende Ideen finden sich im Typoskript vom 15.6.1907 und in einer Skizze vom 20.6.1907. Wichtige Motive der Novelle sind bereits zu erkennen: die Protagonisten Fridolin und Albertine als Ehepartner in einer Rahmung, die Situation mit Marianne, der geheime orgiastische Maskenball mit der schönen Unbekannten, ein Duell mit tödlichem Ausgang für Fridolins Gegner, das zentrale Leitmotiv der Maske, die Traumerzählung der Ehefrau als Pendant zu den nächtlichen Streifzügen Fridolins, das Nebeneinander von Erlebtem und Geträumtem. 1907

> »Der junge Mensch, der von seiner schlafenden Geliebten fort in die Nacht hinaus zufällig in die tollsten Abenteuer verwickelt wird – sie schlafend daheim findet, wie er zurückkehrt; sie wacht auf – erzählt einen ungeheuern Traum, wodurch der junge Mensch sich wieder schuldlos fühlt. ›Gutes Geschäft‹, sagte Olga; die den Stoff sehr charakteristisch für mich fand.«[13]

12 Vgl. Achim Aurnhammer, *Arthur Schnitzlers Intertextuelles Erzählen*, Berlin/Boston 2013, S. 217–229.

13 Schnitzler (s. Anm. 10), Bd. 2.2, Wien 1991, S. 283.

»20. VI. [1]907.
Junger Mann | Ehemann, Brautnacht? |fortgeholt |
Arzt? |
Zu seinem Patienten, der eben gestorben ist.
Einsame Tochter.
Er geht fort in der Nacht, trifft eine Art Ehrenfeld oder kommt auf andre Weise in jenes Schloss, | Palast | wo der Ball stattfindet, auf dessen Höhe nicht die Masken, aber die Kleider fallen.
Er will eine der Fr[a]uen, ist schon daran mit ihr [zu] entfliehen, ein Liebhaber fordert ihn, sie fahren in den Prater, Duell, er tötet den Menschen, erkennt in ihm ejetzt [recte: jetzt] erst einen Freund.
Nach Hause. Was wird er ihr sagen?
Sie schläft noch. Wacht auf.
Fremde Augen.
Nun erzählt sie ihm ihr[e]n Traum.
Hiezu den Novellenplan ›Verlockung‹ zu benützen.
Hierauf kommt er sich ganz unschuldig vor.«[14]

Vor dem Entwurf befindet sich eine bisher nur zum Teil entzifferte handschriftliche Notiz:

»Wenn Doppelgeschichte, muß ein Gespräch vorausgehen über Treue/Untreue und auch ein Märchen muß hineinspielen – oder eine wahre Ge-

14 Zitiert nach Bertold Heizmann, *Erläuterungen und Dokumente. Arthur Schnitzler: Traumnovelle*, Stuttgart 2006, S. 55–57; Original im Freiburger Schnitzler-Archiv: Entwürfe, Mappe 144, Blatt 3, vgl. Faksimile S. 56.

schichte – in einem Exkurs … das Kind liest das Märchen vor«.[15]

Arbeitsschritte 1916–21

Schnitzler ließ das überzeugende Vorhaben einige Jahre liegen. 1916 notiert er: 1916

> »Stoffe vorgenommen keiner zieht mich mächtig genug an; – bei manchem unklar, ob er novellistisch, ob dramatisch anzugehn; – auch praktische Erwägungen stellen einigermaßen störend sich ein. Der *Davos* Einakter regte mich an; auch die *Geschwister* sind nicht ohne Reiz. Von den Novellen die Doppelgeschichte […].«[16]

1920 greift Schnitzler die Arbeit an der »Doppelnovelle« wieder auf (»Einfälle zum Anfang der Doppelnovelle«[17]). 1921 macht er sich »Notizen zu der Doppelnovelle«[18]. 1920/21

Textfassungen 1922–25

Erst am 10.10.1922 beginnt er mit der Niederschrift. Ein Jahr später schreibt er: »Die Doppelnov[elle] Entwurf 1922/23

15 Aurnhammer (s. Anm. 12), S. 221.
16 Schnitzler (s. Anm. 10), Bd. 5, Wien 1983, S. 255.
17 Ebd., Bd. 7, Wien 1993, S. 10.
18 Schnitzler (s. Anm. 16), S. 191.

durchgesehn, soweit sie fertig«[19] – gleichzeitig arbeitet der Autor an *Fräulein Else* und der *Komödie der Verführung*. Eine undatierte maschinenschriftlich überlieferte Skizze dürfte aus derselben Zeit stammen: Der Klavierspieler heißt zwar hier noch »Amsel«, nicht »Nachtigall«, aber der Verlauf der Handlung stimmt in großen Zügen mit der späteren *Traumnovelle* überein, wobei das erwähnte Duell mit tödlichem Ausgang für den Kavalier immer noch das Ende bestimmt. Doch die belastende und lang sich hinziehende Trennung Schnitzlers von seiner Frau Olga ist deutlich zu spüren: 1922 empfindet er die Arbeit als »sehr stimmungslos«[20], der Tagebuch-Eintrag vom 12.11.1922 kennt keine Illusionen mehr: »An der Doppelnov[elle]. Neun Zehntel meiner Seelenkraft ging an meine Bitterkeit gegen O[lga] verloren.«[21] (12.11.1922)

Diese Fassung enthält noch andere Namensgebungen, Fridolin hat einen Nachnamen, Nachtigall heißt, wie gesagt, noch Amsel, andere Figuren haben Namen, die später weggelassen werden (etwa die Tochter des Ehepaares, die noch Mela heißt). Den vorläufigen Abschluss der Arbeit kommentiert Schnitzler am 17.3.1923: »N[ach]m[ittag] an der Doppelnov[elle], sie vorläufig abgeschlossen; noch viel daran zu thun. Sehr

19 Schnitzler (s. Anm. 16), S. 300.
20 Ebd., S. 363.
21 Ebd., S. 379.

bewegt wegen Associationen vom Schlußgespräch aus zu meinen Gesprächen mit O[lga]«[22].

An der Doppelnovelle »feilt« Schnitzler in dieser Arbeitsphase weiter, ab dem 125.10.1924 verwendet Schnitzler den endgültigen Titel *Traumnovelle*: »zum 2. mal mit dem Dict[at] Traumnov[elle]«[23] begonnen. Auch wenn er seiner geschiedenen Frau Olga gegenüber im Dezember 1924 das abschließende Diktat des Textes ankündigt, unterzieht er die Novelle »immer wieder« der »Feile«[24]. Olga muss gerade den Schluss der Novelle stark beeinflusst haben, im Juni 1925 liest er ihr die Erzählung vor; sie hatte unter Tränen (»O[lga] weint viel«) gerade »am 3. Theil einiges zu bemängeln«[25]. Die Endfassung scheint am 3. 8. 1925 fertig gestellt zu sein. ■ 1924/25

Druckfassungen 1925/26

Den fertigen Text schickt Schnitzler im September 1925 an Paul Wiegler, der die Illustrierte *Die Dame* redigierte. In dieser durchaus angesehenen mondänen Frauenzeitschrift des Ullstein-Verlages erschien die *Traumnovelle* von Dezember 1925 bis März 1926 mit Illustrationen von Hans Meid, einem renommierten Buchillustrator. Auszüge aus dem Text erschienen außerdem im *Prager Tagblatt* und in einer vom S. Fischer ■ 1925/26

22 Arthur Schnitzler (s. Anm. 10), Bd. 8, Wien 1995, S. 32.
23 Arthur Schnitzler (s. Anm. 22), S. 198.
24 Ebd., S. 261.
25 Ebd., S. 253.

Verlag erscheinenden Sammlung 1926. Nach Verhandlungen mit mehreren Verlagen schloss Schnitzler einen Vertrag mit S. Fischer ab, so dass nach einigen Auseinandersetzungen mit der Verlagsleitung wegen des Titels der Novelle die *Traumnovelle* im Mai 1926 als Buchausgabe erscheinen konnte. Schnitzler konstatiert am 14. 5. 1926: »Traumnovelle erschienen; erfolgreicher Einsatz«.[26]

26 Schnitzler (s. Anm. 23), S. 330.

6. Interpretationsansätze

Die folgenden Interpretationen sind so ausgewählt, dass sie – ausgehend von den Informationen in den anderen Kapiteln – Ausgangspunkt für eine vertiefte bzw. erweiterte Auseinandersetzung mit Schlüsselstellen des Textes bieten.

»Diagnosen«

»Ich schreibe Diagnosen«[27] – so formuliert Schnitzler in einem Brief an Richard Beer-Hofmann. Aus dieser Äußerung lassen sich drei zentrale Interpretationsansätze entwickeln:

a) Schnitzlers Diagnose der Gesellschaft im Kontext der Wiener Moderne
b) Schnitzlers Diagnose der Beziehungen zwischen Frauen und Männern: Zur Auseinandersetzung mit den Geschlechterrollen um 1900
c) Die *Traumnovelle* als dichterische Antwort auf Sigmund Freuds *Traumdeutung*

Abschließend werden die literarischen Anspielungen Schnitzlers und deren Bedeutung für das Verständnis des Textes betrachtet.

27 Siegfried Trebitsch, *Chronik eines Lebens*, Zürich 1951, S. 392.

Schnitzlers Diagnose der Gesellschaft im Kontext der Wiener Moderne

Zeitgeschichtliche Hinweise

Die zeitgeschichtlichen Bezüge der *Traumnovelle* sind nur schwer zu erkennen. Eine genauere Zeiteinordnung hat Schnitzler in Zeitungstexten versteckt, die Fridolin bei seinen beiden Kaffeehaus-Besuchen liest. So wird zum einen eine Konferenz in Konstantinopel im Kontext des Baus der Bagdad-Bahn erwähnt; zum anderen liest Fridolin über einen Heringsschmaus in den Sophiensälen, der am gleichen Abend stattfindet (S. 28). Der Bau der Bagdad-Bahn begann 1903, Heringsessen ist eine Wiener Tradition am Aschermittwoch. Der Novellenbeginn lässt sich also auf den Faschingsdienstag 1903 um 9 Uhr abends festlegen. Ein verheerender Theaterbrand in Chicago, von dem Fridolin am darauffolgenden Tag liest, bestätigt die Jahre 1903/1904 (S. 84). Die Redoute, die das Ehepaar am Ende des Faschings besuchte, fiel also auf Rosenmontag. In diesem Zusammenhang ist die Passage des Textes aufschlussreich, aus der eine für Fridolins und Albertines eigene gesellschaftliche Situation typische Gesellschaftsanalyse hervorgeht. Der auf den ersten Blick knapp gefasste Rückblick auf die Redoute zeigt den hinter dem Erzähler stehenden Autor Schnitzler als kritischen Beobachter und Kommentator seiner Zeit. Hugo von Hofmannsthal charakterisiert den Freund und Dichterkollegen des Jungen Wien in seinen Aufzeichnungen treffend: »Arzt und Sohn eines Arztes, also Beobachter und Skeptiker von Beruf, ein

Kind der obern Bourgeoisie und des endenden 19. Jahrhunderts, einer skeptischen, beobachtenden und ›historischen‹ Epoche«[28].

Ein anschauliches Beispiel bietet die folgende Schlüsselstelle: »Es war in diesem Jahre ihr erstes Ballfest gewesen, an dem sie gerade noch vor Karnevalschluss teilzunehmen sich entschlossen hatten.« (S. 5) Die Begriffe »Ballfest«, »Karneval« und vor allem der Terminus »Redoute« scheinen locker hingeworfen, sind jedoch zeittypischer und aussagekräftiger als zunächst vermutet. Mit der heute etwas veralteten, in Österreich noch üblichen Bezeichnung »Redoute« ist neben der ursprünglichen Bedeutung ›Zufluchtsort‹ ein Ball, genauer ein Ballsaal für Tanzveranstaltungen gemeint. Bis heute pflegen die Wiener und Wienerinnen in allen sozialen Gruppierungen die winterliche Ballsaison der Faschingszeit. Die eleganten Redoutensäle (Sophiensäle) in der Hofburg stehen vielen Gruppierungen für die beliebten Kostümbälle zur Verfügung; die Prämierung der schönsten Maske, Demaskierungen während der Mitternachtsquadrille gehören zur ritualisierten Abfolge solcher Feste. Zum unverzichtbaren Personal der *Traumnovelle* gehören deshalb die zwei roten Dominos, die Fridolin versprechen später »unmaskiert« »zurückzukommen«, und der maskierte Unbekannte, für Albertine zunächst anziehend, dann abstoßend – verständlich,

28 Hugo von Hofmannsthal, *Gesammelte Werke in Einzelausgaben*, hrsg. von Herbert Steiner, *Aufzeichnungen*, Frankfurt a. M. 1959, S. 293.

dass in einer Art Abwehrhaltung Fridolin und Albertine »im Grunde froh« sein können, »einem enttäuschend banalen Maskenspiel entronnen zu sein« (S. 6). Der Maskenball ist also nur Fassade, er beinhaltet Täuschung und falsche Versprechen, die nicht eingehalten werden. Eine Scheinwelt öffnet sich für die beiden, sie plaudern sich »vergnügt« »in eine Komödie der Galanterie, des Widerstandes, der Verführung und des Gewährens hinein« (S. 6), die dann zu Hause in eine heiße Liebesnacht der beiden mündet. Das Ehepaar macht sich etwas vor, spielt das Liebespaar, das es nicht ist. Alles Verstellung und Komödie, denn beiden entgeht dabei, dass sie sich in eine ausgeprägte Ehekrise hineinbewegen, die bewältigt werden muss. Lediglich die Musik aus der Redoute mit der »Melodie eines Tanzes« (S. 62) klingt in Albertines Traumerzählung hinüber und zeigt damit den Übergang der »wirklichen« Redoute in die Phantasiewelt des Traums. Der Autor Schnitzler beweist in dieser nur erinnerten Anfangsepisode der *Traumnovelle*, wie kritisch, skeptisch, mit sezierendem Blick er den gesellschaftlichen Prozessen seiner Zeit gegenübersteht.

Scheinwelt

Nach der für alle jüdischen Familien äußerst liberalen und weltoffenen Phase der Großstadt Wien seiner Kindheit und frühen Jugend beginnt der Aufbruch ins neue Jahrhundert mit unübersehbaren Konflikten, die er in seinen Texten beschreibt: Da ist zum einen die alte Donaumonarchie mit dem falschen Glanz ihrer Bälle in den Redouten. Man trägt neben der neuesten Pariser Mode im Kontrast dazu traditionelle Uniformen und Federbüsche, traditionelle und ausgefallene Masken, die prämiert werden. Schnitzler erkennt hinter diesem Karnevalsrummel in einer Art Psychogramm der Gesellschaft eine neue und grausame Zeit, in der der überkommene, morsch gewordene Vielvölkerstaat trotz seiner noch funktionierenden Verwaltung wie ein Kartenhaus in sich zusammenfallen wird. Während die Operettenhaftigkeit der Stadt und des Staates mit ihrem höfischen Zeremoniell noch herrscht, findet gleichzeitig im kulturellen Bereich, den Wissenschaften, den Künsten und Wiener Werkstätten ein umfassender Aufbruch ins neue Jahrhundert statt: Die Epoche der Wiener Moderne umfasste in ihrer weit über Wien hinausreichenden Wirkung alle Bereiche der Literatur, der Kunst, der Musik, der Wissenschaften und der Technik.[29] Die literarische Strömung des Jungen Wien mit ihrer Überwindung des Naturalismus und dem ersten Auftreten junger Autoren wie Arthur Schnitzler, Hugo von Hofmannsthal, Hermann Bahr, Stefan Zweig und Jakob Wassermann in den Caféhäusern der Stadt ist um 1900 bereits Geschichte, die Autoren sind etabliert. Nach 1900 bis zum Ausbruch des Ersten Weltkriegs entwickelt Schnitzler[30] wie kein anderer ein Gespür für die Widersprüche in der Gesellschaft zwischen Aufbruch und Resignation. Schnitz-

■ Psychogramm der Gesellschaft

■ Wiener Moderne

29 Wunberg (s. Anm. 1), S. 11.
30 Die Familie Schnitzler wird zum herausragenden Beispiel dieser Entwicklung: Arne Karsten, *Der Untergang der Welt von gestern. Wien und die k. u. k. Monarchie 1911–1919*, München 2019, S. 21–35.

Blick nach innen

lers diagnostischer Blick geht nach innen; er sieht hinter der glänzenden Oberfläche die Abgründe, die vielfältigen Spannungen im Vielvölkerstaat, die Forderungen ethnischer Gruppen nach politischer Autonomie und den Antisemitismus, die letzten Endes zum Ende der Monarchie führen.

Schnitzlers Diagnose der Beziehungen zwischen Frauen und Männern

Der Glanz, der von den Künsten ausgeht und die moderne Großstadt Wien um 1900 umgibt, kann über die Doppeldeutigkeiten im gesellschaftlichen Leben der Stadt nicht hinwegtäuschen. Die Doppelmoral der Gesellschaft zeigt sich nicht nur bei Fridolin, sondern bei vielen männlichen Repräsentanten, die nach außen ein Idealbild jungfräulicher Unschuld bei Frauen vertreten, insgeheim jedoch ihre sexuellen Bedürfnisse hemmungslos ausleben. Die Frauen sind dabei diejenigen, die das damit erzeugte Zwangskorsett gesellschaftlicher Enge am deutlichsten zu spüren bekommen. An diesem Punkt setzt der kritische Autor Schnitzler in der *Traumnovelle* den ersten Höhepunkt: Im besuchten Geheimclub herrschen merkwürdige, anarchisch anmutende Rituale, bei denen die Männer andere Rechte besitzen als die Frauen. Die Frauen sind zwar maskiert, aber nackt; die Männer tragen Masken und farbige Kostüme. Die Rituale erinnern deutlich an heidnische Opferfeste, am Ende wird ein Frauenopfer als Sühne gefeiert in der Verge-

Opferung einer Frau

waltigung einer Frau durch alle Männer. Die musikalischen Formen enthalten Elemente einer schwarzen Messe, zum Beispiel die mit einem wilden Schrei endende altitalienische Arie; die blasphemischen Anspielungen auf christliche Traditionen und Feiern sind nicht zu übersehen und zu überhören. Weitere Formen der Tötungen und Todesformen von jungen Frauen ergänzen den Kontext der Opferrituale – ein »Mädchen aus fürstlichem Haus« nimmt »am Tag vor ihrer Hochzeit Gift« (S. 48), in der Zeitung liest Fridolin von der Vergiftung eines jungen Mädchens (S. 28) und schließlich ist Fridolins unbekannte Schöne und Retterin offensichtlich einer »schweren Vergiftung« (S. 84) zum Opfer gefallen. Mit Sicherheit hat Schnitzler auch den Justiz-Prozess um »Komteß Mizzi«, einer von ihrem Ziehvater zur Prostitution gezwungenen Vierzehnjährigen, die Selbstmord verübt hat, verfolgt. Der »Großstadtscandal« (»Komteß Mizzi«)[31] hielt 1908 durchgehend die ganze Stadt in Atem. Die genannten aufsehenerregenden Momente der Grausamkeit führen direkt und unmissverständlich zu der Frage, welche Diagnosen Schnitzler grundsätzlich zum Verhältnis zwischen Frauen und Männern in der *Traumnovelle* stellt.

■ Selbsttötungen

Der entsprechende Schlüsselsatz lautet: »Und wenn es auch mir beliebt hätte, zuerst auf die Suche zu gehen?« (S. 12) Ein autobiografischer Interpretationsansatz für die Frage Albertines und vor allem für

31 Walter Schlüter, *Komtess Mizzi: Eine Chronik aus Wien um 1900*, Göttingen 2020, S. 21.

die Reaktion Fridolins lässt sich ohne Weiteres finden: Schließlich ist Schnitzler selbst von seiner Jugendliebe Fanny Reich bis zu seiner letzten großen Liebe Suzanne Clauser begeisterter und begeisterungsfähiger Liebhaber schöner Frauen, der die Frauen, die Verhältnisse mit anderen Männern eingehen, verlässt und beschimpft. Unter Umständen benutzt er einen mit einem Freund vereinbarten Flirt mit seiner Geliebten als Vorwand, um dieses Verhältnis zu beenden.[32] Auch Fridolin hat offensichtlich vor seiner Heirat mit Albertine durchaus »Jünglingserlebnisse«, in die Albertine teilweise »eingeweiht war«, so dass Albertine sogar »wie aus einem Traum, den halbvergessenen Namen einer seiner Jugendgeliebten aussprach« (S. 11). Der Abstand des Erotomanen Schnitzler zu seiner Figur Fridolin scheint beträchtlich; allerdings scheint auch Fridolin Rechte für sich beansprucht zu haben, die er Albertine nicht einmal in Gedanken zumutet. Auch wenn Fridolin Albertine versichert, »in jedem Wesen, das ich zu lieben meinte«, nur Albertine »gesucht« (S. 12) zu haben, ist Albertines Frage, mit der sie gleiches Recht für sich und die Frauen der Zeit andeutet, mehr als berechtigt. Die Doppelmoral der Zeit um 1900 sieht für junge Männer aus gehobenen Schichten Beziehungen zu verheirateten Frauen, zu jungen Frauen aus der Vorstadt und zu Prostituierten vor. Mit den jungen Vorstadt-

Doppelmoral

32 Vgl. Schnitzler, *Tagebuch* (s. Anm. 11), Bd. 1, Wien 1987, S. 392 (5. 11. 1892). (Das Spiel galt der Schauspielerin Adele Sandrock.)

mädchen schafft Schnitzler den Typ des ›süßen Mädels‹ als Projektionsfigur, die in den Texten öfters den Namen Mizzi erhält (*Liebelei*, 1895). Albertines Verhalten ist darüber hinaus dadurch gekennzeichnet, dass sie vor ihrer Hochzeit mit Fridolin, dem »entzückende[n] junge[n] Mensch[en]«, »alles« gewährt hätte, »was er nur verlangte« (S. 13). Fridolin hat das entscheidende Wort jedoch nicht gesprochen, am Morgen darauf allerdings Albertine einen Heiratsantrag gemacht. Er hängt einem konventionellen Bild einer ehelichen Bindung nach, voreheliche Beziehungen von Frauen kommen nicht in Frage. Fridolin versucht krampfhaft diese Position durchzuhalten – trotz der vielfachen Versuche, gerade nach den ersten Geständnissen Albertines und noch mehr nach ihrer Traumerzählung, sich an Albertine mit all den anderen Frauen auf seiner nächtlichen Irrfahrt zu rächen, was ihm nicht gelingt. Dabei schreckt er auch vor einer Prostituierten mit graduellen Anzeichen eines früheren »süßen Mädels«, vor einem Lolita-Typ, also einer Kindfrau wie Pierrette in Seidenstrümpfen, und vor einer geheimnisvollen Mondänen nicht zurück. Gerade diese Begegnung auf dem geheimnisvollen Maskenball ist ein gesellschaftliches Ereignis – unter Umständen sogar mit Angehörigen des Hofes und ausgesuchten Dirnen – abseits von allen Regeln des Zusammenlebens von Männern und Frauen in rechtlichen Ordnungen.

■ Fridolin: konventionelle Position trotz Ausbruchsversuchen

Die Rolle Albertines bleibt für die Einschätzung des Autors Schnitzler zentral: Sie rückt nach der Re-

Albertines Therapieversuch

doute und der Liebesnacht die Beziehungskrise mit Fridolin ins Zentrum eines endlich erfolgenden Therapiegesprächs; ihre Initiative führt zu der von ihr bewusst formulierten Diagnose, Verschwiegenes und Verdrängtes deutlich zu thematisieren: Sie wäre »[z]u allem« »bereit« gewesen, wenn der Däne sie gerufen hätte, sie hätte »nicht widerstehen können« (S. 8), auch wenn ihr Fridolin dabei in grotesker Weise »teurer als je« (S. 8) zu sein schien. Fridolin hat diesen für die Zeit radikalen Geständnissen seiner Frau einschließlich ihrer vorehelichen Bereitschaft zu allem nichts entgegenzusetzen. Seine erregende Begegnung mit dem nackten jungen Mädchen endet mit der gebieterischen Geste des Mädchens (S. 10) abrupt, Fridolin fühlt sich »einer Ohnmacht nah« (S. 11) und ist offenbar froh, dem Mädchen nicht mehr begegnen zu müssen. Auch nach ihrer eigenen Traumerzählung und nach den durch sie selbst wiederum im Anblick der Maske initiierten Geständnissen Fridolins behält Albertine ihr ausgeprägt bewusstes Agieren bei. Ihre therapeutischen Maßnahmen am Ende der *Traumnovelle* zeigen: Albertine überlegt, ist überlegene Figur, auch wenn ihre Skepsis bezüglich der Dauer ihrer Beziehung und der punktuellen Lösung der Krise den offenen Schluss bestätigt. Sicherheit »in die Zukunft« (S. 97) gibt es nicht trotz des Lichtstrahls und des »hellen Kinderlachen[s]« am Ende der Schlussszene. Albertine zeigt auch am Schluss eine skeptische Haltung, die der Autor Schnitzler mit ihr teilt.

Bleibende Skepsis

Die *Traumnovelle* als dichterische Antwort auf Freuds *Traumdeutung*

Sigmund Freud und Arthur Schnitzler wohnten eine ganze Zeit nicht weit voneinander entfernt, Freud in der Berggasse, mit der Wohnung und der berühmten Praxis, und Schnitzler in der Frankgasse, in der seine Arztpraxis sich befand, bevor Schnitzler in der Edmund-Weiß-Gasse eine Wohnung und später in der Sternwartestraße eine Villa bezog. Beide haben ihre medizinische Laufbahn bei denselben akademischen Lehrern durchlaufen. Dennoch sind sich beide Ärzte längere Zeit regelrecht aus dem Wege gegangen; ein direkter Gedankenaustausch fand nicht statt. Ihre unterschiedlichen Publikationen nahmen beide allerdings wahr: Freud besuchte den Einakter *Paracelsus* im Burgtheater, Schnitzler studierte Freuds Übersetzung aus dem Französischen von Vorlesungen über Hysterie und las die epochemachende *Traumdeutung* so intensiv, dass er davon selbst träumte. Es gab also Kontaktmöglichkeiten, die nicht genutzt wurden. Manches wirkt wie ein Versteckspiel. Eine Wende tritt mit Freuds 50. Geburtstag 1906 ein: Schnitzler erwähnt in einem erst vor kurzem veröffentlichten Brief an Freud die »mannigfach starken und tiefen Anregungen«[33], die er Freud verdanke. Freud antwor-

■ Schnitzler und Freud: Distanz

■ Annäherung zwischen Freud und Schnitzler

33 Der im Cambridge-Nachlass gefundene Brief wurde zuerst in der Wiener Zeitung *Die Presse* 1992 veröffentlicht. Zitiert nach: Thomas Anz (Hrsg.), *Psychoanalyse in der literarischen Moderne. Eine Dokumentation*, Marburg 2006, S. 137.

tet auf Schnitzlers Glückwünsche mit einem vielbeachteten Brief.[34] Freud betont auf seine Weise »die weitreichende[] Übereinstimmung« ihrer gemeinsamen wissenschaftlichen Erkenntnisse, die Schnitzler in »geheime[r] Kenntnis« sich erworben habe. Endlich komme Freud »dazu, den Dichter zu beneiden, den ich sonst bewundert«[35]. Freud unterscheidet präzise zwischen dem gelehrten Wissenschaftler und dem Künstler, für den er Hochachtung empfindet. Dass Schnitzler aus seinen, Freuds Schriften, Anregungen »geschöpft« habe, hält er – obwohl er »fünfzig Jahre alt werden mußte, um so etwas Ehrenvolles zu erfahren«[36] – für unglaublich. Zehn Jahre später, Schnitzler feiert gerade seinen 60. Geburtstag, folgt die Begründung für sein Verhalten: »Ich meine, ich habe Sie gemieden, aus einer Art von Doppelgängerscheu«.[37] Freud bewundert zwar Schnitzler als »psychologische[n] Tiefenforscher«[38] und anerkennt damit Schnitzlers Werk und Person, eben den »Dichter«, gibt aber unumwunden »dem Forscher den Vorzug«[39]. Freud vertritt deutlich den Standpunkt, dass die Entdeckung des Unbewussten nur eine Sache der Wissenschaft – natürlich seiner Wissenschaft – sein kann.

■ »Doppelgängerscheu«

Diese Rangordnung – die Wissenschaft vor der

34 Wunberg (s. Anm. 1), S. 651.
35 Ebd., S. 651.
36 Ebd., S. 651.
37 Ebd., S. 652.
38 Ebd., S. 653.
39 Ebd., S. 653.

Dichtung – kann Schnitzler, Arzt und Dichter zugleich, nicht anerkennen, er dreht die Reihenfolge um. In den Aphorismen notiert er unter der Rubrik »Psychologische Literatur«[40]: »[...] in Hinsicht auf die dunklen Reiche der Seele entdeckten einige neuere Dichter, was die Großen aller Zeiten wussten: dass die Seele im Grund kein so einfaches Ding sei. Und insbesondere, dass außer in dem Bewussten allerlei Unbewusstes in der Seele nicht nur vorhanden, sondern auch wirksam sei«[41]. Während es für Freud grundsätzlich in Fragen des Unbewussten nur eine Wahrheit der Wissenschaft gibt, erweitert der Dichter Schnitzler Sigmund Freuds »Traumarbeit«[42] vom individuellen Fall zur Paarbeziehung und damit zum Sozialen. Auch Freud stellt fest, dass das Aufdecken unbewusster, aus seiner Sicht meist sexueller Wünsche die Einstellung des Einzelnen zu sich und anderen verändern könnte; gleichzeitig versucht er jedoch, aus dieser Tatsache sich ergebende Befürchtungen für die Gesamtgesellschaft auszuschließen: »[...] viele zum Bewusstsein durchgedrungene Impulse werden noch durch reale Mächte des Seelenlebens vor ihrem Einmünden in die Tat aufgehoben; ja, sie begegnen oft darum keinem psychischen Hindernis auf ihrem Wege, weil das Unbewusste ihrer anderweitigen Verhinderung sicher ist«.[43] Schnitzler konkretisiert die

Dichtung und Wissenschaft

40 Schnitzler (s. Anm. 32), S. 454.
41 Ebd., S. 455.
42 Freud (s. Anm. 8), S. 107.
43 Ebd., S. 383.

zentrale Aussage Freuds, Handeln und Wünschen eines Individuums müssten auseinandergehalten werden, in der dichterischen Umsetzung der *Traumnovelle* exemplarisch am Beispiel einer Ehekrise, die typisch ist für die Situation der Wiener Gesellschaft um 1900. Albertine und Fridolin geraten nach der Redoute und dem »Liebesglück« (S. 6) der Nacht am nächsten Abend »in ein ernsteres Gespräch über jene verborgenen, kaum geahnten Wünsche, die auch in die klarste und reinste Seele trübe und gefährliche Wirbel zu reißen vermögen« (S. 7). Freuds Warnungen, die »psychische Realität« nicht mit der »materiellen Welt« zu verwechseln, überhört der Novellist Schnitzler sozusagen ganz bewusst, indem er für die beiden in ihren Wahrnehmungen die Grenzen zwischen Traum und Wirklichkeit aufhebt und für Fridolin und Albertine beide Bereiche ineinander übergehen lässt. An diesen Stellen der *Traumnovelle* setzt sich Schnitzler als Dichter mit Freuds *Traumdeutung* und ihren Nachwirkungen in der Psychoanalyse kritisch auseinander. Am 16. 6. 1922 hatte Schnitzler von Freud »eine schöne neue Ausgabe seiner Vorlesungen«[44] bekommen. In diesen Vorlesungen entwickelt Freud eine ganze Reihe von Traumsymbolen. Gegenüber der damit einsetzenden psychoanalytisch orientierten »Traumarbeit« formuliert Schnitzler in seinen zwischen 1922 und 1926 entstandenen Kommentaren zur Psychoanalyse trotz seiner grundsätzlichen Bewun-

44 Schnitzler (s. Anm. 10), Bd. 7, Wien 1993, S. 319.

derung für Freud eine deutliche Gegenposition. Freuds sexualisierter Traumdeutung setzt er »eine Art fluktuierendes Zwischenreich zwischen Bewusstem und Unbewusstem« entgegen und nennt es das »Halb- oder Mittelbewusstsein«. Freuds »Trennung in Ich, Überich und Es ist geistreich, aber künstlich. Eine solche Trennung gibt es in Wirklichkeit nicht«.[45] Das »Mittelbewusstsein« hingegen bezeichnet Schnitzler als »das ungeheuerste Gebiet des Seelen- und Geisteslebens, von da aus steigen die Elemente ununterbrochen ins Bewusste auf oder sinken ins Unbewusste hinab. Das Mittelbewusstsein steht ununterbrochen zur Verfügung. Auf seine Fülle, seine Reaktionsfähigkeit kommt es vor allem an.«[46]

»Mittelbewusstsein«

Freuds sexualisierter *Traumdeutung* setzt Schnitzler seine Definition gegenüber. Er leistet eine produktive Weiterführung der Thesen Freuds. Aus der Abb. 6 geht auf der linken Seite hervor (S. 96 f.), wie Freud mit den genannten Elementen in der *Traumdeutung* eine Theorie des Persönlichen entwirft, die auf das Individuum bezogen ist. Grundlage für Freuds Position ist das von ihm entwickelte Modell der menschlichen Psyche. Freud geht davon aus, dass unbewusstes Verlangen, Bedürfnisse, Triebe mit Vorstellungen und Normen aus der jeweiligen Gesellschaft zusammenstoßen.

Freuds Modell

45 Arthur Schnitzler, »Über Psychoanalyse«, hrsg. von Reinhard Urbach, in: *Protokolle. Wiener Halbjahresschrift für Literatur, bildende Kunst und Musik* 11 (1976) H. 2, S. 277–284.

46 Ebd., (s. Anm. 45), S. 284.

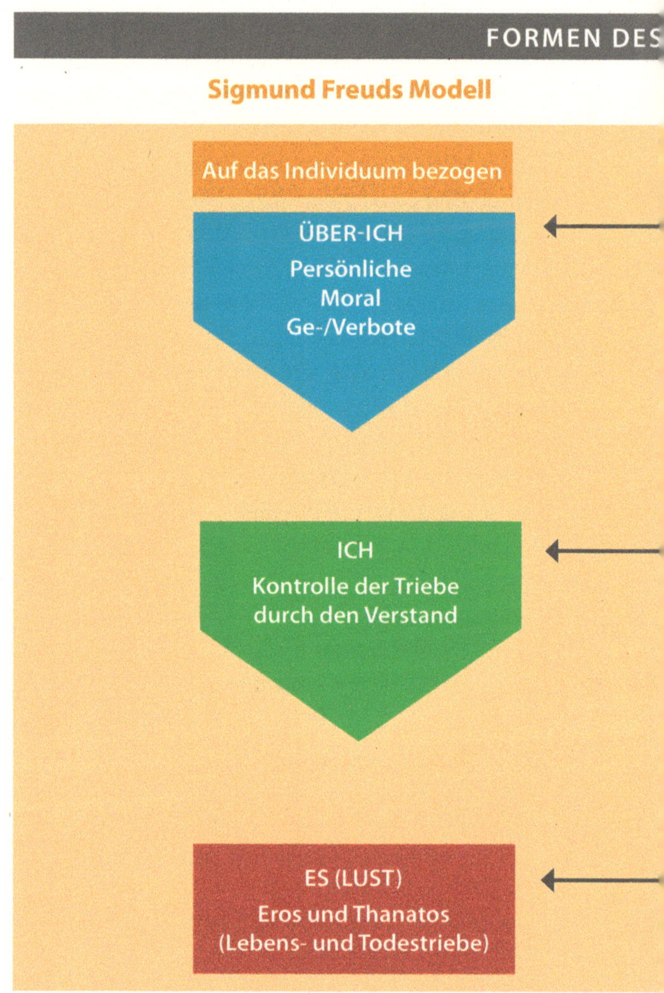

Abb. 6: Formen des (Un-)Bewussten bei Freud und Schnitzler

UN-)BEWUSSTEN

Arthur Schnitzlers Modell

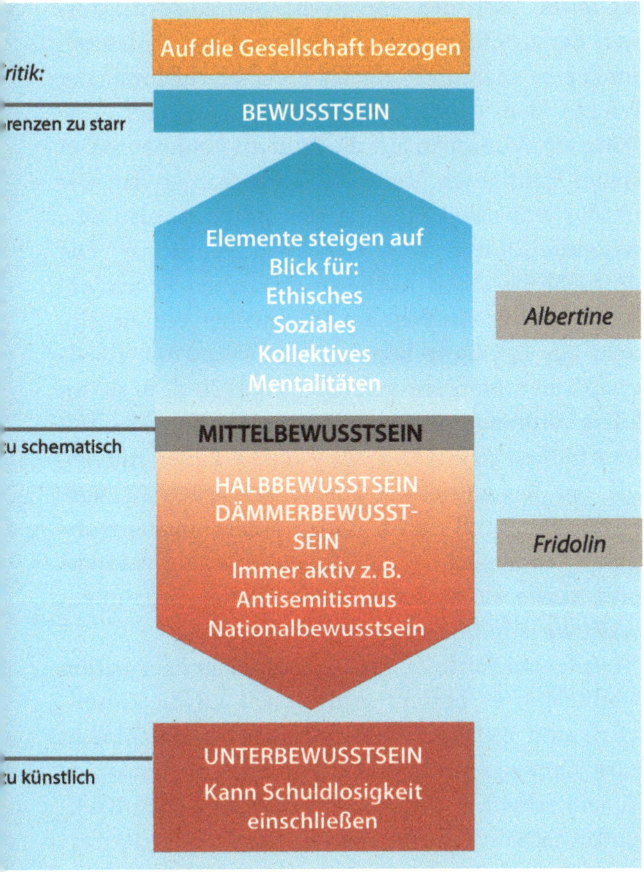

ritik:

renzen zu starr

u schematisch

u künstlich

Auf die Gesellschaft bezogen

BEWUSSTSEIN

Elemente steigen auf
Blick für:
Ethisches
Soziales
Kollektives
Mentalitäten

Albertine

MITTELBEWUSSTSEIN

HALBBEWUSSTSEIN
DÄMMERBEWUSST-SEIN
Immer aktiv z. B.
Antisemitismus
Nationalbewusstsein

Fridolin

UNTERBEWUSSTSEIN
Kann Schuldlosigkeit einschließen

Daraus ergeben sich unübersehbare Konflikte, die der Arzt und Wissenschaftler Freud als Ursache für die psychischen Probleme seiner Patienten betrachtet; auf der Suche nach den entsprechenden Ausdrucksformen der Konflikte entwickelt Freud ein Verfahren, durch eine analytisch angelegte Versprachlichung der Träume den dahinterliegenden verborgenen, verdrängten Wünschen auf die Spur zu kommen: »Der Traum stellt einen gewissen Sachverhalt so dar, wie ich ihn wünschen möchte; sein Inhalt ist also eine Wunscherfüllung, sein Motiv ein Wunsch.«[47] Die Wünsche bestehen häufig in erotischen Begierden, die sich in der Kindheit der Träumenden entwickeln, nicht zur Erfüllung kommen und nicht mit gesellschaftlichen Normen vereinbar sind, so dass sie im Alltag verdrängt werden: »Kein anderer Trieb hat seit der Kindheit so viel Unterdrückung erfahren müssen wie der Sexualtrieb«.[48] Die wesentlichen Bezugspunkte für Freud sind also die Entdeckung der frühkindlichen Sexualität, das Unbewusste, die Verdrängung sowie als entscheidendes Therapieinstrument das Bewusstmachen verborgener Konflikte.

Schnitzlers Modell

Die rechte Seite der Abb. 6 (S. 97) zeigt die Position Schnitzlers: Er bezieht sein Modell auf die Gesellschaft und nicht auf den Einzelnen. Er durchbricht starre Grenzen, die ihm zu schematisch und künstlich zu sein scheinen. Aus seinem diagnostischen Blickwinkel als Schriftsteller enthalten psychische Prozes-

47 Freud (s. Anm. 9), S. 32.
48 Ebd., S. 84.

se ein stets aktives Halbbewusstsein. Dabei fließen die Grenzen zwischen Wachen und Träumen, zwischen Bewusstem und Unbewusstem, zwischen Tag und Nacht, zwischen Liebe und Tod ineinander und lassen sich von den Handelnden, Denkenden und Redenden nicht mehr präzise unterscheiden.

Anwendung in der *Traumnovelle*

Die direkte Anwendung von Schnitzlers Modellvorstellung lässt sich an den beiden Hauptfiguren der *Traumnovelle* exemplarisch nachweisen: Sein Konzept entwickelt der Dichter an einer exemplarisch dargestellten Zweierbeziehung. Die männliche Hauptfigur Fridolin zeigt ein immer aktives Mittel- oder Hauptbewusstsein; die wesentlichen Ereignisse sind (fast) ausschließlich durch seine Bewusstseinsperspektive bestimmt.

Er nimmt Albertines Geständnisse bis hin zu ihrer Traumerzählung in der mittleren Bewusstseinsebene auf, verarbeitet diese in beiden Richtungen: Wenige Beobachtungen – vor allem die des Arztes – steigen in die obere Bewusstseinszone auf und zeigen eine immer wieder durchbrochene Reflexionsstufe; alle seine Vorhaben, seine »Abenteuer« (S. 83) und vor allem seine Ängste vor Ansteckung, Krankheit, Gefährdung, Verlust, Unterlegenheit und Tod sinken ins Unterbewusste: Deshalb kann er auch die eine oder andere Schuldzuweisung (S. 85), eine mögliche Zeugenvorladung (S. 90), was ihm da und dort durch den Kopf geht und ihm damit bewusst würde, von sich weisen und abschütteln. Er ist sich keiner Schuld bewusst. Da seine Beobachtungen im Unterbewusst-

Fridolin: Traum und Wirklichkeit verfließen

sein verankert sind, kann er zwischen Schein und Sein, zwischen Theaterspiel und wahrhaftem Vorgang, zwischen Traum und Wirklichkeit nicht mehr unterscheiden. Die Grenzen zwischen den genannten Bereichen verfließen. Durch die Erzählsituation des nicht mehr zuverlässigen Erzählens in den Überlagerungen von Fridolins subjektiven Eindrücken, reißt er zwar »die Augen so weit auf als möglich« (S. 57), sein Unterbewusstsein hat jedoch keine Lösung für seine Fragen und seine möglichen »Delirien« und phantastischen Einbildungen bereit.

Albertine: überlegenes Bewusstsein

Albertine hingegen, die als weibliche Hauptfigur nicht im Mittelpunkt der Novelle steht, verfügt über ein gesteigertes und damit letzten Endes überlegenes Bewusstsein und erreicht die obere Ebene: Mutig ergreift sie die Initiative, ihre bisher verdrängten Wünsche zu artikulieren. Ihre Traumerzählung kann nur in der Ebene des Halbbewussten, des Dämmerbewusstseins stattfinden. Am Ende ist sie die Überlegene, die einen Ausweg aus dem Konflikt skizziert, ohne ihre Skepsis für längerfristige Lösungen der Paarkrise zu verschweigen.

Literarische Anspielungen

Schnitzler als Leser

In der *Traumnovelle* hat Schnitzler Textpassagen aus anderen Werken zitiert, variiert oder angedeutet. Er stellt Bezüge zu anderen Texten (sogenannten Prätexten) her, so dass zwischen den Vorlagen und der *Traumnovelle* sogenannte intertextuelle Verbindungen entstehen. Diese reichen von scheinbar harmlosen Zitaten, mythischen Anspielungen bis zu Gattungsvariationen, deren Entdeckung beim Lesen Vergnügen bereitet und weitere Sinnhorizonte eröffnet.

Zitate erscheinen ausschließlich in Figurenreden; die zurückgedrängte Erzählerrede enthält kaum Anspielungen auf Gelesenes. Wenn Dr. Adler etwa in »dem scharfen Ton« seiner »Burschenzeit«, aber dann doch etwas »leichter« von »diesen heiligen Hallen« (S. 89) spricht, verbindet sich Sarkasmus mit etwas milderer Ironie: Es handelt sich um ein Zitat aus Mozarts *Zauberflöte*, aus einer Arie des weisen Sarastro. Die phantastische Sonnenwelt dieser Arie steht in krassem Gegensatz zu den dunklen Geheimnissen nächtlicher Aktionen und Sektionen an Leichentischen in der Totenkammer der *Traumnovelle*. Auch die im Magazin der Maskenverleihanstalt hängenden Kostüme der »Königinnen der Nacht« (S. 37) verweisen auf diese Mozart-Oper.

■ Mozarts *Zauberflöte*

An Richard Wagners *Götterdämmerung* (I,3) erinnert zweimal – als Rahmen um den Traumbericht Albertines – ein Gedankenblitz Fridolins, der sich auf den mittelalterlichen Mythos von Siegfried und Brünnhilde bezieht: »Ein Schwert zwischen uns« (S. 60, 67), »wie Todfeinde liegen wir hier nebeneinander« (S. 67). So liegen Siegfried und Brünnhilde im Mythos tatsächlich nebeneinander im Bett. In der *Traumnovelle* sind Nähe und Ferne – die mit den Händen umfassten Finger Albertines (S. 66) und die Trennschärfe des Schwertes – kombiniert und zeigen

■ Wagners *Götterdämmerung*

symbolisch sowohl den Kontrast wie die Verbundenheit der beiden. Während Fridolin und Albertine die durch das Schwert verdeutlichte Trennung und Entfremdung am Ende der Novelle zumindest vorübergehend überwinden können, befördert der mit der Tarnkappe versehene Siegfried in der Gestalt Gunthers mit seiner Täuschung und Gewalttat gegenüber Brünnhilde nicht nur die Rache Brünnhildes, sondern zugleich seinen eigenen Tod.

Märchenelemente

Am Anfang der Novelle steht eine Märchenpassage, die das »Kind« Vater und Mutter vorliest (S. 5) und die an die *Märchen aus Tausendundeiner Nacht* erinnert. Es erinnert an ein geplantes, aber nicht vollendetes Märchen von Hugo von Hofmannsthal: *Die Geschichte der Prinzen Amgiad und Assad* sollte ein lyrisches Drama in Terzinen[49] werden, blieb aber Fragment[50]. Schnitzler hat Märchenstrukturen mit den Themen eheliche Treue, gedanklich vollzogene Untreue und Rachegelüste verbunden: Das Wunderbare und das Phantastische durchzieht die *Traumnovelle* in besonderer Weise. Die Märchenanklänge des Anfangs sind aber im Folgenden weitgehend zurückgenommen, auch wenn immerhin Handlungsmuster und Märchenvariationen erkennbar sind. Wichtig ist der Unterschied zwischen den Erzählpassagen, in denen Fridolin selbst in erster Linie den Wahrnehmungs- und Erlebnishorizont aus seiner Sicht darbietet, und

49 Vgl. Schnitzler (s. Anm. 11), S. 100.
50 Mathias Mayer / Julian Werlitz (Hrsg.), *Hofmannsthal-Handbuch: Leben – Werk – Wirkung*, Stuttgart 2016, S. 293 f.

der Traumerzählung Albertines. Fridolins Erlebnisse schwanken zwischen Phantasie und Wirklichkeit und lassen die Grenzen zwischen Einbildung und tatsächlich Erlebtem verschwinden. Albertines Traumerzählung ist hingegen ganz im Sinne von Schnitzlers eigener Theorie der Traumdeutung von märchenhaften Partien bestimmt, die sich auch auf das Eingangsmärchen beziehen und dieses punktuell variieren.

Albertines Traumerzählung

Albertines Traumerzählung gestaltet der Theaterkenner und erfolgreiche Dramatiker Schnitzler mit einem regelrechten Theaterauftritt Albertines: »So fing der Traum nämlich an, dass ich in dieses Zimmer trat, ich weiß nicht woher – wie eine Schauspielerin auf die Szene« (S. 60). In Albertines Bewusstsein vermischen sich in ihrem Hochzeitstraum Versatzstücke aus dem Anfangsmärchen wie »Galeere«, »Sklaven« und »dunkelblaue[r], sternbesäte[r] Nachthimmel« (S. 5) mit Erinnerungsfragmenten aus dem Urlaub »am dänischen Strand« (S. 8), etwa der gelben Tasche des begehrten jungen Mannes. Vor allem »ein junger Mensch«, der, wie Albertine »jetzt weiß, ungefähr aus[sah] wie der Däne« (S. 62) aus ihrer Erzählung vom Vorabend erscheint wiederholt und sinkt letzten Endes »zu [ihr] auf die Wiese hin« (S. 63). Ihre erotischen Traumspiele mit dem Dänen und den »andern« in »diese[r] unendliche[n] Flut von Nacktheit« (S. 64) gehen an »Glück«, »Freiheit« und »Gelöstheit« »in diesem Traum« über alles hinaus, was Menschen in ihrer »bewussten Existenz« empfinden können (S. 64). Albertine »weiß« (S. 62, 64 f.) jedoch gleichzeitig alles, was im Kontrast dazu ihrem Mann widerfährt. Ja, sie sieht ihn, sie vollzieht sozusagen alle nur möglichen sadistischen Traumvisionen an Fridolin. Fridolin wird ergriffen, gefesselt, ausgepeitscht, dass das »Blut [...] wie in Bächen« (S. 65) an ihm herabfließt. Das Ende des Traums nimmt einen Zustand vom Anfang des Traums auf und verkehrt es in sein Gegenteil: Albertine und Fridolin schweben, aber eben nicht mehr gemeinsam; sie fliegen aufeinander zu, ihr Abstand zueinander ist inzwischen jedoch so groß, dass sie aneinander vorbeifliegen: »Da wünschte ich, du solltest doch wenigstens mein Lachen hören, gerade während man dich ans Kreuz schlüge. [...] Das war das Lachen, Fridolin, – mit dem ich erwacht bin.« (S. 66)

Verschränkung von Phantasie und Wirklichkeit

Die Phantasiewelt des Erzählten stellt die Wirklichkeitspartikel immer mehr in Frage und hebt sie zum großen Teil auf. Fließende Übergänge zwischen der wirklichen und der phantastischen Welt sind festzustellen und erzeugen bei Lesern und Interpreten Unsicherheit und Nachdenklichkeit. Albertines »Traumarbeit« läuft zeitlich simultan mit Fridolins Erlebnissen auf dem Maskenball der Geheimgesellschaft ab: Beide Welten sind damit nicht nur miteinander verschränkt, sondern erzeugen eine geisterhafte Wirkung, die nicht mehr eindeutig realistisch und rational interpretiert werden kann. Die Merkmale dieser »unzuverlässigen«[51] Erzählweise erzeugen beim Leser eine vom Autor gewollte Unsicherheit und »Un-

51 Aurnhammer (s. Anm. 13), S. 240.

schlüssigkeit«. Sie sind typisch für die skeptische Haltung Schnitzlers gegenüber seinen Stoffen und damit ein Markenzeichen für die »psychologische Literatur«[52] der Wiener Klassik der Moderne.

Homers *Odyssee*

Die Bezüge zwischen der *Traumnovelle* und Homers *Odyssee* als einer der Urformen des Erzählens sind deutlich: Odysseus und Fridolin machen auf je eigene Art »Odysseen« durch. Beide sind Ehemänner und Väter jeweils eines Kindes. Odysseus ist immerhin ehemaliger Kriegsheld, »treuer« Ehemann, Abenteurer und Frauenheld, einige dieser Rollen passen ja auch mehr oder weniger zu Fridolin. Spannend ist vor allem die Frage, wie die Ehemänner nach ihrer Rückkehr von den langen Irrfahrten übers Meer und den kürzeren, aber nicht weniger intensiven Abenteuern im nächtlichen Wien ihre unterschiedlichen »Ehekrisen«, in die sie geraten sind, (auf)lösen können: und zwar in welcher Form und mit welchem Ziel am Ende von Irrfahrten und verwirrenden Erlebnissen in Traum und Wirklichkeit. Selbstverständlich unterscheiden sich die über zehn Jahre sich hinziehenden Abenteuer des antiken Helden, die zum großen Teil Odysseus selbst in einer Ich-Erzählung am Phäakenhof vor einem staunenden Publikum erzählt, grundsätzlich von den Abenteuern einer Nacht, die Fridolin erlebt. Allerdings kann wie beim Besuch des Odysseus in der Unterwelt auch bei Fridolin ein Gang durch die Unterwelt der Triebe im nächtlichen Wien

52 Schnitzler (s. Anm. 32), S. 454.

nachgezeichnet werden. An einem alles entscheidenden Punkt jedoch stehen beide Helden, Odysseus und Fridolin, vor derselben schwierigen Aufgabe: Odysseus, der eben noch als Bettler agiert und die Freier besiegt und getötet hat, gibt sich als Penelopes Mann, als Odysseus zu erkennen. Penelope bleibt skeptisch, muss jedoch dann anerkennen, dass dieser nach 20 Jahren Zurückgekehrte doch ihr Mann ist. Beide müssen nach dieser langen Trennung wieder das eheliche Bett teilen. Penelope fordert deshalb Odysseus auf, ihr unumwunden alle Abenteuer wahrheitsgemäß zu erzählen. Sie muss, sie will alles noch einmal hören, auch über die Kämpfe verlangt sie Bericht. Albertine wählt eine andere Art: »[…] ihr Einfall, die dunkle Larve neben sich auf das Polster hinzulegen, […] gab Fridolin die sichere Hoffnung, dass sie, wohl in Erinnerung ihres eigenen Traums –, […] geneigt war, es nicht allzu schwer zu nehmen« (S. 96). Fridolin ist damit »mit einem Male am Ende seiner Kräfte«, er lässt die Maske »zu Boden gleiten«, schluchzt und sinkt »neben dem Bette nieder« (S. 96). Mit Hilfe der Maske kann Albertine mit Fug und Recht eine Aufklärung von Fridolin unausgesprochen erwarten. Sie reagiert »[n]ach wenigen Sekunden« verständnisvoll auf sein Schluchzen, indem sie mit »weiche[r] Hand über seine Haare« streicht. Fridolins »Ich will dir alles erzählen« (S. 96) bedeutet zumindest für den Augenblick eine Lösung des Konflikts zwischen Mann und Frau, eine therapeutisch angelegte Aussprache und damit einen ersten Ausweg aus

■ Aufklärung

den Verwirrungen der vergangenen Nacht. Fridolins »Ich will dir alles erzählen« scheint durchaus der Erzählformel des Odysseus zu entsprechen, wenn er auf Penelopes Aufforderung, alles erfahren zu wollen, formuliert: »Seltsame, was nur drängst du so sehr und heißt mich zu reden? Aber ich werde es dir erzählen und alles berichten.«[53] Doch Freude werde seine Frau deshalb nicht finden, er genauso wenig, denn er muss wohl neben seinen Leiden auch einige Treuebrüche und längerdauernde Seitensprünge gestehen, die Penelope in ihren erlittenen Qualen nicht unbedingt entzücken dürften. Das Ziel allerdings, das Odysseus mit seiner Rückkehr ins heimatliche Ithaka sucht, ein ruhiges Alter und die Versöhnung mit dem gegnerischen Gott in der Wiedervereinigung mit seiner Frau zu finden, erreicht er nach dem Willen der Götter. Fridolin hingegen stellt Albertine die Frage »zweifelnd und hoffnungsvoll zugleich«: »Was sollen wir tun, Albertine?« (S. 96) »Niemals in die Zukunft fragen« (S. 97), ist die Antwort seiner Frau, skeptisch, kritisch und abwägend wie der Autor Schnitzler selbst, bleibt durch sie und ihren letzten Satz im Text der Ausgang von Traum und Leben der beiden offen und unsicher.

53 Vgl. Homer, *Odyssee*, Übers., Nachw. und Register von Roland Hampe, Stuttgart 1979 [u. ö.], S. 386 (23. Gesang, V. 265).

7. Autor und Zeit

Schnitzler wurde am 15. Mai 1862 in Wien als Sohn des Laryngologen, Chefarztes und Mitbegründers der Poliklinik Prof. Dr. Johann Schnitzler und der Arzttochter Louise Markbreiter geboren. Die Familie gehörte zum Wiener jüdischen Großbürgertum und war sehr wohlhabend. Arthur wuchs als Ältester mit zwei Geschwistern auf.

■ Schule und Medizinstudium

1879 machte er mit Auszeichnung Matura (Abitur) am Akademischen Gymnasium und studierte Medizin an der Universität Wien. 1882 diente er ein Jahr als Freiwilliger in einem Garnisonsspital und erhielt als Abschluss das Offizierspatent. Nach seiner Promotion zum »Doktor der gesamten Heilkunde« war er Redakteur einer medizinischen Fachzeitschrift, der *Internationalen Klinischen Rundschau*; gleichzeitig arbeitete er als Sekundararzt im Allgemeinen Krankenhaus sowie weitere 5 Jahre als Assistent des Vaters an der Poliklinik.

■ Schriftstellerische Tätigkeit

Von früh an kam Schnitzler durch seinen Vater mit Sängern und Schauspielern zusammen, die sich bei Stimmproblemen vom Kehlkopfspezialisten Johann Schnitzler behandeln ließen. Dadurch vom Zauber des Theaters angeregt, begann er schon als Gymnasiast Dramen zu schreiben; bereits mit 18 Jahren hatte er 23 fertige Theaterstücke in der Schublade. Lange schwankte er – noch als promovierter Arzt – zwischen einer medizinischen oder einer literarischen Laufbahn. Er entschied sich schließlich für die Literatur und eröffnete 1893 nach seines Vaters Tod eine Privatpraxis, die ihm Raum für seine literarische Tätigkeit ließ. Seine medizinische Prägung und Erfahrung als Arzt flossen in sein literarisches Werk ein – in Arztfiguren, diagnostischem Blick, Krankengeschichten, Traumerlebnissen und Hypnose. Seine psychologischen Kenntnisse bereichern seine Figurengestaltungen, so dass er ein vorzüglicher Beobachter der Wiener Gesellschaft um die Jahrhundertwende zum 20. Jahrhundert wurde.

Der diagnostische Blick

Ein besonderes Augenmerk fällt bei der Betrachtung von Schnitzlers Biografie auf seinen Umgang mit Frauen. Er unterhielt zahlreiche Liebesbeziehungen, öfters zu mehreren Frauen gleichzeitig – aber seine Bindungsängste hielten ihn davon ab, sich für eine Heirat mit einer der von ihm leidenschaftlich Geliebten zu entscheiden. In seiner Autobiografie *Jugend in Wien* bekennt er, wie er mit diesen Frauen umsprang. Er sah nur sich und seine Besitzansprüche, quälte die Geliebten mit Eifersuchtsszenen, war unehrlich und herrisch. Alle diese Verhaltensmuster legt er in die männlichen Figuren seiner Werke bis 1900. Erst Olga Gussmann, einer jungen Schauspielerin, gelang es 1903 den 41-Jährigen von einer Eheschließung mit ihr zu überzeugen. Der gemeinsame Sohn Heinrich war schon 1902 geboren worden. Nach 18 Jahren Ehe wurden die beiden 1921 geschieden.

Frauen

Schnitzlers psychologische Kenntnisse und Interessen verbinden ihn mit seinem Wiener Zeitgenossen Sigmund Freud, dem berühmten Begründer der

Sigmund Freud

Psychoanalyse. Lange kam es bei beiden nicht zu einer wirklichen Begegnung oder zu einem Gedankenaustausch. Als Freud Schnitzler für dessen Glückwünsche zum 50. Geburtstag dankt, schreibt er von der »weitreichenden Übereinstimmung, die zwischen Ihren und meinen Auffassungen mancher psychologischer und erotischer Pläne besteht«. Und Freud fragt sich, woher Schnitzler diese Kenntnisse haben könnte, die er sich in mühseligen wissenschaftlichen Forschungen erarbeitet hatte und schließt, dass er »den Dichter [...] beneidet«, den er »sonst bewundert«.[54] Jahre später – 1922 – bewundert Freud voll Anerkennung Schnitzlers »Ergriffensein von den Wahrheiten des Unbewussten, von der Triebnatur des Menschen, [seine] Zersetzung der kulturell-konventionellen Sicherheiten«. Freud folgert: »Im Grunde Ihres Wesens sind Sie ein psychologischer Tiefenforscher [...]«[55]. Tatsächlich ist der für Freud so wichtige Gegensatz von Eros und Thanatos[56] auch ein zentrales Thema bei Schnitzler. Ein erstes längeres Treffen mit Freud findet schließlich 1922 statt.

Schnitzlers Werke lassen sich in drei Schaffensphasen einteilen:

54 Brief von Freud, 8. 5. 1906, zit. nach: Wunberg (s. Anm. 1), S. 651.
55 Brief von Freud, 14. 5. 1922, zit. nach: ebd., S. 653.
56 Freud (s. Anm. 5), S. 60.

1. 1885–1905 Frühwerk
2. 1906–1917 Mittlere Schaffensperiode
3. 1918–1931 Spätwerk

Drei Schaffensphasen

1. Schnitzlers Kenntnisse der Psychiatrie und Psychoanalyse prägen bereits sein Frühwerk und bleiben für sein ganzes Schaffen von großer Bedeutung. Im Unterschied zu Freuds Zweigliederung von Unterbewusstsein und Bewusstsein hält er eine so harte Grenze für nicht richtig. Er nimmt an, dass es zwischen den beiden noch ein Mittelbewusstsein gibt, worin ihn seine Dichterfreunde des *Jungen Wien* unterstützten. Mit dem Begriff Mittelbewusstsein umschreibt er seelische Zustände wie assoziative Gedanken oder Tagträume.

Mittelbewusstsein

In das Frühwerk gehören Erzählungen wie *Die Toten schweigen* (1897), *Lieutenant Gustl* (1900) sowie die Dramen *Liebelei* (1895 am Burgtheater uraufgeführt) und *Reigen* (1896/97 entstanden). Die Figuren dieser Werke zeigen den impressionistischen Menschentyp; Figuren, die verschwimmen, keine fest umrissenen Charaktere mehr sind. Sie sind kaum zu fassen und schwanken in ihren Beziehungen.

Frühwerk

Das erfordert einen Erzähler, der sich als übergeordnete Instanz zurückzieht. Der Erzähler verschwindet in der Figur, um so nur deren Wahrnehmungen und Bewusstseinsströme wiedergeben zu können. Beispielhaft zeigen das die Erzählung *Die Toten schweigen* und besonders *Lieutenant Gustl*, eine Erzählung, die Schnitzler ganz im Inneren Monolog ge-

Innerer Monolog

staltet. Diese Erzähltechnik hat Schnitzler zum ersten Mal in der deutschsprachigen Literatur konsequent verwendet. Schnitzler wird mit dieser neuen Erzähltechnik zu einem herausragenden Vertreter der Klassik der Moderne.

Die Toten schweigen

In der Erzählung *Die Toten schweigen* unterhält die Ehefrau eines Professors, Emma, eine Liebesbeziehung zu einem jungen Mann mit Namen Franz. Die beiden treffen sich zu einer abendlichen Kutschfahrt, während der Professor bei einer Konferenz an der Universität weilt. Der angetrunkene Kutscher verliert die Herrschaft über die Pferde. Es kommt zum Unfall, bei dem Franz tödlich verletzt wird. Als der Kutscher zu einem Wirtshaus eilt, um Hilfe zu holen, stellt Emma sich mit vielen Assoziationen (in Erlebter Rede) vor, was passiert, wenn sie als Ehebrecherin an der Unfallstelle gesehen und vernommen wird. Daher rennt sie von Ängsten und Zweifeln getrieben nach Hause, um vor ihrem Mann in der Wohnung zu sein. Geraume Zeit kann sie im Gespräch mit ihm ihr Geheimnis verbergen, doch in der abfallenden Anspannung und Müdigkeit entschlüpft ihr aus dem Halbbewussten der verräterische Satz »Die Toten schweigen«. Der Ausgang der Erzählung bleibt offen.

Lieutenant Gustl

Lieutenant Gustl ist vom Intellekt her ein sehr durchschnittlicher k. u. k. Offizier, der von einem Freund in ein Konzert eingeladen wird. Er hat sich gelangweilt; als er endlich zur Garderobe eilt, kommt es im Gedränge zu einem Wortwechsel mit einem Bäckermeister, der ihn beleidigt. Da dieser nicht satisfaktionsfähig ist, muss Gustl sich selbst töten, um seine Ehre wiederherzustellen. Er verbringt die Nacht durch Wien irrend mit wirren Gedanken, erfährt aber am Morgen im Kaffeehaus, dass der Bäckermeister in der Nacht an einem Schlaganfall verstorben ist. Jetzt gibt es keinen Zeugen seiner verletzten Ehre mehr; der Selbstmord ist nicht mehr nötig. Aufgrund dieser kritischen Haltung zur Offiziersehre und zum Duellwesen wird Schnitzler von einem Ehrengericht das Offizierspatent aberkannt.

2. Gesellschaftskritik und Darstellung der Doppelmoral der bürgerlichen Gesellschaft stehen im Mittelpunkt der Werke der mittleren Schaffensperiode. Eines der repräsentativen Werke dieser Phase ist die Tragikomödie *Das weite Land* (1911). Thematisch geht es um die Entfremdung des Ehepaars Hofreiter. Der Ehemann Friedrich hat viele Affären mit Frauen, was seine Frau weiß. Als Genia ihm über den Selbstmord eines mit dem Ehepaar befreundeten Künstlers berichtet, dessen Zuneigung sie zurückgewiesen hat, kann er ihr Verhalten nicht verstehen; er beschuldigt sie, am Tod des Freundes schuld zu sein. Als Genia auf die Liebeserklärung eines jungen Mannes eingeht und ihn nachts empfängt, fordert Friedrich Hofreiter den jungen Mann zum Duell und erschießt ihn kaltblütig. Genia verlässt Friedrich.

■ Mittlere Schaffensperiode

■ *Das weite Land*

In *Professor Bernhardi* steht ein jüdischer Arzt im Mittelpunkt, in dessen Klinik eine an Sepsis sterbende junge Frau nach einer illegalen Abtreibung liegt. Bernhardi verweigert dem katholischen Priester den

■ *Professor Bernhardi*

Zugang zur Patientin, da diese im Glauben an ihre Wiedergenesung gerade eine euphorische Phase vor dem Tod erlebt. Das Drama wurde 1912 von der Zensur verboten.

In der mittleren Schaffensphase erlebt Schnitzler seinen Höhepunkt als Schriftsteller. 1908 erhält er den Grillparzer-Preis. Die literarische Welt (Frank Wedekind, Thomas Mann, Stefan Zweig) feierte ihn und gratulierte ihm zu seinem 50. Geburtstag. Vor 1914 war Schnitzler mit 200 Aufführungen der meistgespielte Theaterautor am Wiener Burgtheater, von weiteren Aufführungen an anderen Wiener Bühnen ganz abgesehen. Mit dem Ausbruch des Ersten Weltkrieges sank Schnitzlers Popularität. Seine psychologisierenden Konversationsstücke kamen beim Publikum nicht mehr an; Schnitzler selbst verabscheute den Kriegsjubel; er schätzte als einer der wenigen den ausbrechenden Krieg und seine Folgen richtig ein, äußerte sich dazu aber nie öffentlich.

■ Höhepunkt der Popularität

■ Spätwerk

3. Das Ende der Monarchie, die Gründung der ersten Republik in Österreich, die schwere wirtschaftliche Depression bewirkten, dass die Themen des Autors Schnitzler trotz erfolgreicher Verfilmungen seiner Texte wie aus der Zeit gefallen schienen. Alfred Döblin verwies als Vertreter des Expressionismus Schnitzlers Œuvre in die nicht mehr aktuelle Vorkriegsmoderne. Schnitzler selbst kehrt thematisch und formal in seinem Spätwerk zu seiner Frühzeit zurück.

■ Kritik der Expressionisten

■ *Fräulein Else*

In *Fräulein Else* geht es um ein 19-jähriges Mädchen, deren verschuldeter Vater darauf setzt, dass Else von dem reichen Kunsthändler Dorsday 50 000 Gulden erbittet. Else ist zusammen mit ihrem Vetter Paul, einem Arzt, und der gemeinsamen Tante auf deren Einladung in einem vornehmen Hotel in Südtirol. Da Dorsday sie als Gegenleistung für die Bereitstellung der hohen Summe nackt auf einer Waldlichtung sehen will, entschließt sie sich, aus Scham nach dieser Erniedrigung ihrem Leben durch eine Überdosis Veronal ein Ende zu setzen. Sie erscheint nackt unter einem Mantel in der Hotellobby. Dort lässt sie den Mantel vor Dorsday und allen Hotelgästen fallen und bricht bewusstlos zusammen. Zurück auf ihrem Zimmer trinkt sie die Überdosis des Schlafmittels. Gestaltet ist die Erzählung ganz aus der Innensicht Elses im Inneren Monolog mit halluzinierenden Träumen nach ihrem Zusammenbruch. Ob Else gerettet wird, bleibt offen. Die 1924 erschienene Erzählung spielt ebenfalls in der Vorkriegszeit.

Viele Spätwerke wurden schon vor 1900 konzipiert. Die Szenenreihe *Reigen* wurde schon 1896/97 konzipiert und 1900 als Privatdruck in 200 Exemplaren veröffentlicht. In 10 Szenen werden die Figuren von der Dirne und dem Soldaten bis zum Grafen und der Dirne jeweils ausgetauscht und vorgeführt, wobei der eigentliche Geschlechtsakt zwischen den jeweiligen Paaren weggelassen ist. In einem Drehkarussell verlieren die 10 Personen unter dem Diktat ihrer Sexualität ihre individuellen Eigenschaften und werden zu Marionetten ihrer eigenen Konventionen

Reigen

und Vorstellungen. Als 1920 der *Reigen* in Berlin uraufgeführt werden sollte, gab es einen Skandal und anschließend einen Prozess wegen »Erregung öffentlichen Ärgernisses«. Die *Traumnovelle* (1926), auch bereits 1907 mit ersten Skizzen angedacht, gehört zu den bedeutendsten Werken des letzten Lebensjahrzehnts Schnitzlers. In diesem Werk fließt thematisch noch einmal alles zusammen, was Schnitzler in seinem lange Jahre neben der Schriftstellerei ausgeübten Arztberuf an Erfahrungen gesammelt hat. Die *Traumnovelle*, die eine Ehekrise mit einem nur für den Augenblick versöhnlichen Ende beschreibt, wurde im Rückblick Schnitzlers auf die ihn hart treffende Trennung und Scheidung von seiner Frau Olga vollendet.

■ *Traumnovelle*

■ Letztes Lebensjahrzehnt

Diese Lebenskatastrophe blieb im letzten Lebensjahrzehnt des Autors nicht die einzige. Schnitzler wurde taub, konnte daher nicht mehr Musik genießen. Auch das geliebte Klavierspiel wurde ihm verleidet. Dass er 1923 erster österreichischer Präsident des PEN-Club wurde und drei Jahre später 1926 mit dem Burgtheaterring geehrt wurde, gehörte zu den Höhepunkten der letzten Jahre. Er vereinsamte jedoch zusehends, obwohl er vorübergehend immer wieder Partnerinnen hatte. Zu einer zweiten Ehe konnte er sich nicht mehr entschließen. Ein furchtbarer Schlag war der Freitod seiner 18-jährigen Tochter Lili kurz nach deren Hochzeit mit einem italienischen Offizier: »Mit jenem Julitag war mein Leben doch zu Ende.«[57] 1931, also zwei Jahre später, starb Schnitzler einsam an einer Gehirnblutung in seinem Haus in Wien.

Die Nationalsozialisten, die 1933 an die Macht kamen, verbrannten seine Werke. Sie beschädigten seinen Ruf über Jahrzehnte. Erst in den 1960er Jahren wurde er als feiner psychologischer Beobachter menschlicher Beziehungen mit seinen neuen Erzählverfahren wiederentdeckt, umfassend erforscht und gerecht bewertet.

57 Schnitzler (s. Anm. 10), Bd. 9, Wien 1997, S. 281 (3. 10. 1929).

8. Rezeption

Zeitgenössische Aufnahme der *Traumnovelle*

Frühe Würdigungen

Bereits 1926, im Erscheinungsjahr der Novelle im S. Fischer Verlag, gibt es eine Reihe von Rezensionen. In der *Neuen Rundschau* 37 sieht der Verlagslektor des S. Fischer Verlages Paul Wiegler Schnitzlers *Traumnovelle* als Meisterwerk. Er stellt fest, dass Schnitzler zwar die Geschichte am Schauplatz Wien genau mit Stadtbezirken, Straßen- und Hotelnamen verortet, aber im Plot Traum und Wirklichkeit so ineinanderfließen lässt, dass die Grenzen wie unter einem Schleier verschwinden. Wiegler betont, dass der Autor in seinem Werk die Methoden der Psychoanalyse nutzt. Warum die Novelle das Prädikat Meisterwerk verdient, nämlich aufgrund der formalen, bildlich symbolischen Durchformung, bleibt hier wie in allen anderen zeitgenössischen Rezensionen ohne Beachtung.[58]

Hervorzuheben ist die enthusiastische Reaktion von Katia und Thomas Mann: »hingerissen haben wir die *Traumnovelle* hier gelesen, beide in einem Zuge, atemlos, und begrüßen sie voller Bewunderung«[59].

58 Paul Wiegler, »Schnitzler *Traumnovelle*«, in: *Die Neue Rundschau* 37 (1926) S. 335 f., zit. nach: Heizmann (s. Anm. 15), S. 78–80.

59 Katia und Thomas Mann, Brief vom 23. 5. 1926 an Schnitzler, zit. nach: Helga Krotkoff, »Arthur Schnitzler – Thomas Mann: Briefe«, in: *Modern Austrian Literature* 7 (1974) Nr. 1/2, S. 24.

Sigmund Freud

Sigmund Freud als Autor der *Traumdeutung* reagiert nur verhalten auf die Lektüre der Novelle: »P. S. über Ihre Traumnovelle habe ich mir einige Gedanken gemacht«[60], schreibt Sigmund Freud am 24. Mai 1926 an Schnitzler. Dabei hat Freud die schriftstellerische Arbeit von Schnitzler und dessen Umsetzung psychoanalytischer Themen in Literatur sehr bewundert. Der Rezensent Friedrich Düsel betont 1926 die Verwandtschaft zwischen Freud und Schnitzler und sieht in der *Traumnovelle* eine Huldigung an Freud.[61]

Deutschnationale Kritik

Dr. Keulers rezensiert 1927 die *Traumnovelle* unter dem Titel »Verwirrung der Gefühle«[62]. Er wirft Schnitzler vor, es gebe in der Welt schon »Verwirrende[s] genug«; es sei verhängnisvoll, in der Dichtung auch noch über »die Verwirrung im Gefühlsleben des modernen Menschen« zu schreiben. Keulers endet seine Kritik deutschnational mit der Frage, ob man nicht besser eine »fein abgeklärte Gefühlskultur« sowie ethische Grundsätze dem deutschen Menschen in der Literatur bieten sollte.

Eine solche Rezeption von Schnitzlers *Traumnovelle* verweist auf den aufkommenden Nationalsozialismus und die zunehmende Ausgrenzung der Men-

60 Sigmund Freud, »Briefe an Arthur Schnitzler«, in: *Die Neue Rundschau* 66 (1955) S. 335 f., zit. nach: Heizmann (s. Anm. 15), S. 77.

61 Friedrich Düsel, »Literarische Rundschau«, in: *Westermanns Monatshefte* 140 (1926) H. 2, S. 577 f., zit. nach: Heizmann (s. Anm. 15), S. 80 f.

62 In: *Der Gral* 21 (1927) S. 317 f., zit. nach: Heizmann (s. Anm. 15), S. 83.

schen jüdischer Abstammung. Dass Schnitzlers Werk nach der Machtergreifung und dem Anschluss Österreichs an Hitlerdeutschland symbolisch verbrannt und totgeschwiegen wurde, wurde bereits in Kapitel 7 (S. 117) erwähnt. Nur in den USA und im angelsächsischen Raum hat die Schnitzler-Rezeption ohne Unterbrechung fortgelebt. Schwerpunkt bleibt dabei Schnitzlers Beziehung zu Freuds Psychoanalyse sowie die sich aus der Abhängigkeit von Freud lösende Deutung der Träume bei Schnitzler.

■ Bücherverbrennung 1933

Filmische Adaptionen

■ Drehbuch Schnitzlers

1930 hat Schnitzler ein Drehbuch[63] zur *Traumnovelle* begonnen, aufgefordert vom Filmregisseur Georg Wilhelm Pabst. Allerdings bricht das Filmskript vor dem Bacchanal der Geheimgesellschaft ab. Aufschlussreich wäre gewesen, wie Schnitzler die Geheimgesellschaft und den Traum Albertines filmisch konzipiert hätte. Schnitzlers Entwurf hält sich eng an die literarische Vorlage und verwendet fast ausschließlich Dialoge, die in dem geplanten Stummfilm als Untertitel erschienen wären. Insgesamt betont er die Visualisierung von Träumen. Die Redoute wird aus der Analepse im Text in eine vorhergehende Szene umgewandelt. Pabsts Projekt wurde jedoch nicht verwirklicht. Trotzdem hat Schnitzlers Skript als Sto-

63 Arthur Schnitzler, *Filmarbeiten. Drehbücher, Entwürfe, Skizzen*, hrsg. von Achim Aurnhammer [u. a.], Würzburg 2015. S. 527.

ry-Line die Phantasie der Filmschaffenden immer wieder angeregt..

Als im deutschsprachigen Raum in den 1960er Jahren die Schnitzler-Renaissance beginnt, entsteht 1969 eine literarisch orientierte Verfilmung der Novelle im Österreichischen Fernsehen durch Wolfgang Glück mit Karlheinz Böhm und Erika Pluhar in den Hauptrollen. Der Film hält sich in der Abfolge und vor allem

Verfilmung Wolfgang Glücks

Abb. 7: Filme im Vergleich: Szene aus *Traumnovelle* (1969) von Wolfgang Glück mit Karlheinz Böhm und Erika Pluhar in den Hauptrollen. – PictureDesk First Look / ORF

in den szenischen Abschnitten mit wörtlich übernommenen Dialogen eng an die Novelle. Lediglich der Traum Albertines wird verkürzt und verliert viele mit dem übrigen Text verknüpfte Bilder der triebgesteuerten Phantasien, die den Ehemann Fridolin in der Novelle entsetzen und an der Treue seiner Frau zweifeln lassen. Diese Verfilmung wurde anschließend nicht mehr beachtet. In den USA war sie völlig unbekannt.

Eyes Wide Shut

Stanley Kubrick und sein Drehbuchautor Frederic Raphael müssen das Filmskript Schnitzlers gekannt haben, denn Kubrick stellt in seinem Film *Eyes Wide Shut* (1999) die Redoute des Vorabends ausführlich als große Party bei einem Milliardär in chronologischer Folge dar – nicht als Rückblende. Er hatte vom Erben Schnitzlers, dem Enkel Peter Schnitzler, bereits 1969 die Rechte gekauft. Der Film wurde aber erst 30 Jahre später gedreht. Die Idee Schnitzlers in seinem »Film-Skript« von 1930, Musikeinlagen für den Ball vorzusehen, hat Kubrick aufgenommen. Die Raffinesse des auch als zentrales Leitmotiv des Filmanfangs und des Abspanns eingesetzten Walzers von Dmitri Schostakowitsch besteht in seinen mehrfachen Brechungen: Anachronistisch ist der Walzer im New York des Jahres 1999 wie ein nostalgischer Rückblick auf die untergegangene Welt der alten Donaumonarchie, in der die Familie von Stanley Kubrick ihre Wurzeln hatte. Auch deshalb verfolgte Kubrick seit dem Erwerb der Filmrechte den Plan einer Verfilmung der *Traumnovelle*. Kubrick interessiert außerdem die thematische

Abb. 8: Filme im Vergleich: Szene aus *Eyes Wide Shut* (1999) von Stanley Kubrick mit Nicole Kidman und Tom Cruise in den Hauptrollen. – © Warner Brothers / courtesy Everett Collection

Nähe der Schnitzler-Novelle zu Sigmund Freud; ihn fasziniert, was sich hinter großbürgerlicher distinguierter Fassade an moralischer und emotionaler Orientierungslosigkeit verbirgt, also der Gegensatz von Schein und Sein. Die Handlung wird nach New York in die Glitzerwelt vor Weihnachten am Ende des 20. Jahrhunderts verlegt. Ein brüchiger Weihnachtsfrieden kehrt für das einander entfremdete Ehepaar am Ende wieder ein, als sie sich mit der kleinen Tochter in den Weihnachtskonsumrausch begeben. Auch die soziale Klasse der Vorlage wird angehoben: Der gut situierte, der gehobenen Schicht angehörende Arzt Fridolin wird zum Arzt Bill, der der *upper class* New Yorks angehört und sichtbar über umfangreiche finanzielle Mittel verfügt. Bill wohnt mit seiner Frau Alice in einem reich mit Gemälden ausgestatteten Luxus-Appartement. Ziegler, ein Milliardär, wird als erklärende Rahmenfigur eingeführt. Er veranstaltet in seiner Luxusvilla ein Vorweihnachts-Event mit Tanz, Musikkapelle und Buffet, zu dem auch Bill und Alice geladen sind. Alice wird auf dem Fest als beschwipst und schwankend – unbeherrscht durch Alkoholkonsum – dargestellt; sie ist von einem sie sexuell bedrängenden Ungarn angetan. In Parallelmontagen verfolgen zwei Models Bill in eindeutig sexueller Absicht. Nach der Rückkehr vom Ball sucht Alice in der Hausapotheke nach Rauschgift. In der anschließenden »Bettszene« mit Bill agiert sie mehr und mehr enthemmt, indem sie Bill mit heftigen und aus der Luft gegriffenen Anschuldigungen attackiert. Was sie ihrem Mann an sexuellen Wunschphantasien aggressiv entgegenschleudert, erschreckt und verunsichert diesen zutiefst. Von Assoziationen an die ehebrecherischen Vorstellungen Alices gequält fährt Bill zu einem Notfall in der Nacht.

Der schönen Unbekannten – zunächst Mandy genannt – begegnet Bill bereits als Arzt auf der Party Zieglers. Bill gelingt es, diese Frau, eine ehemalige Schönheitskönigin, aus einem durch Rauschgift verursachten Koma zurückzuholen. Sie hatte ein Date mit Ziegler, der sie geringschätzig als Nutte bezeichnet. Die Geheimgesellschaft – auch Ziegler ist dort Mitglied – besitzt ein Landschloss, in dem die Orgien stattfinden. Bill nimmt an, dass ihr Tod durch eine

Abb. 9: Masken aus Stanley Kubricks *Eyes Wide Shut* (1999) in einer Ausstellung von 2019 zu Kubricks Werk im Londoner Design Museum – © akg / VIEW / Ed Reeve

Überdosis Rauschgift ihn vor der Strafe der Geheimbündler gerettet habe. Er findet sie in der Leichenhalle der Anatomie wieder. Ein Spion verfolgt alle Stationen Bills. Daraufhin wird er zu Ziegler befohlen, der ihm erläutert, dass alles nur eine »Farce«, eine Posse, »ein Schwindel«[64] mit ihm war. Der Tod der schönen Unbekannten, also Mandys Tod, ist für Ziegler völlig unerheblich. Man wollte Bill, der als Eindringling in die Geheimgesellschaft kam und erkannt wurde, erschrecken, schockieren und dadurch zum Schweigen bringen. Im Gegensatz zur überlegenen Albertine, die

Unterschiede zur *Traumnovelle*

64 Arthur Schnitzler, *Traumnovelle. Die Novelle*, Stanley Kubrick / Frederic Raphael, *Eyes Wide Shut. Das Drehbuch*, übers. von Frank Schaff, Frankfurt a. M. 1999, S. 177.

ihrem verunsicherten und verirrten Mann zumindest für eine Weile Vertrauen und Sicherheit wiedergibt, beendet Alice den Schlussdialog in der schillernden Welt des Konsums oberflächlich und triebgesteuert. Trotzdem hat Kubricks Filmkunstwerk, das Schnitzlers Novelle in einen anderen medialen Kontext transportiert, zur noch intensiveren Rezeption des Textes im 21. Jahrhundert beigetragen und ihn sogar in den Kanon der Schullektüre gebracht.

Theaterbearbeitungen und Adaption als Graphic Novel

■ Igor Bauersima

2011 erarbeitet der Dramatiker Igor Bauersima eine Theaterfassung der Novelle »frei nach Arthur Schnitzler« für das Theater in der Josefstadt in Wien (Premiere 29. 9. 2011). Er verortet die Handlung in eine andere Stadt, in der sich Vergangenheit und Zukunft in surrealen Bildern begegnen.

■ John von Düffel

Auch John von Düffel hat eine eigene Version der *Traumnovelle* »nach Arthur Schnitzler« für eine Theaterinszenierung am Landestheater Linz vorgelegt (Uraufführung 2. 2. 2013).

■ Graphic Novel

Eine moderne Adaption ist die Umwandlung der *Traumnovelle* in eine Graphic Novel[65] 2012 durch den

65 Sigrun Galter, »Geschlechterdiskurs im Medienwechsel. Prekäres Sprechen über das Begehren in Schnitzlers *Traumnovelle* und ihrer Adaption durch Jakob Hinrichs' Graphic Novel«, in: *Der Deutschunterricht* 66 (2014) H. 4, S. 89–95.

Berliner Zeichner Jakob Hinrichs. Er entwirft eine völlig neue Dynamik und Faszination für die *Traumnovelle.* Seine Graphic Novel, die im Stil von Farbholzschnitten gehalten ist (s. Abb. 10, S. 128 f.), transponiert Schnitzlers Text in den Kontext des Feminismus der 1960er Jahre. Die Graphic Novel beginnt mit einem Jahrmarktsbesuch, auf dem Fridolin fasziniert eine üppige Zuckerwatteverkäuferin anhimmelt, während Albertine von einem Bodybuilder begeistert ist. Beide haben nicht nur völlig getrennte Vorlieben, sondern auch ihre Tätigkeiten finden in getrennten Welten statt: Sie agiert rund ums Haus; er durcheilt viele Außenstationen. Nachdem Albertine ihrem Mann freimütig ihre sexuellen Wünsche gestanden hat, reden die beiden nicht mehr miteinander. Nur indirekt über ein Urlaubstagebuch erfährt Albertine Fridolins Abenteuer, während Fridolin ebenso indirekt vom Traum seiner Frau Kenntnis erhält. Am Ende kann also keine, nicht einmal eine kurzzeitige Versöhnung stattfinden.

Abb. 10: Aus der Graphic Novel *Traumnovelle* von Jakob Hinrichs, Edition Büchergilde GmbH, Frankfurt a. M.: Edition Büchergilde GmbH, 2012 – © Mit Genehmigung von Jakob Hinrichs, Berlin.

LUNA
Eklipso
Popcorn
EIS
TICKETS
SWEETS

9. Prüfungsaufgaben mit Lösungshinweisen

Aufgabe 1

»Albertine ist wie sie alle – sie ist die Schlimmste von allen« (S. 72), urteilt Fridolin. Charakterisieren Sie Albertine und vergleichen Sie diese Figur mit den anderen Frauen, die Schnitzler in seiner *Traumnovelle* entwirft.

Lösungshinweise

- Einordnung des Zitats in den Handlungszusammenhang.
- Die 17-jährige jungfräuliche Albertine heiratet den 10 Jahre älteren Arzt Fridolin. Sie sind 7 oder 8 Jahre verheiratet und haben eine 6-jährige Tochter.
- Sie ist mütterlich, hausfraulich, aber auch elegant und repräsentativ auf Festen.
- Diametral zum Modell einer großbürgerlichen Gattin stehen ihre sexuellen außerehelichen Wunschgedanken und deren Erfüllung im Traum.
- Sie ist ehrlich, offen und zupackend.
- Für den traditionsgebundenen Fridolin bedeuten diese Wünsche einer Frau einen Ausbruch aus seinen eigenen bürgerlichen Wertvorstellungen von Ehe und damit den Vollzug eines Ehebruchs.
- Die nächtlichen erotischen Abenteuer, die Fridolin rachedurstig sucht, haben als Ziel sehr unterschiedliche Frauen:

- Marianne, Tochter eines Hofrats, lebt in einem düsteren Umfeld. Sie ist durch die langjährige Pflege des Vaters verblüht.
- Verlobt mit einem Geschichtsdozenten, ist sie offensichtlich nicht glücklich.
- Sie ist 27 Jahre alt, hat blondes fülliges, aber trockenes Haar und einen gelben, nicht faltenlosen Hals. Sie verströmt einen unangenehm faden Geruch durch ungelüftete Kleider.
- Den verschollenen Bruder hat der Vater totgeschwiegen.
- Marianne liebt insgeheim Fridolin und gesteht es am Totenbett des Vaters.
- Marianne wird als Figur in ihrer Trauer relativ deutlich durch Fridolins Perspektive gezeigt. Fridolin empfindet Empathie mit ihrer Situation. Er berührt und umarmt sie tröstend, ist aber verlegen und angewidert von ihrem Liebesgeständnis. Beim zweiten Besuch am folgenden Abend ist er entschlossen, seine Rachegelüste seiner Frau gegenüber durch Sex mit Marianne zu stillen; doch reagiert er hart und schroff auf ihre Tränen und verlässt sie abrupt.

- Mizzi, die Dirne, trägt einen typischen Namen für Straßendirnen und gefallene süße Mädel.
- Sie ist 17, zart, bewohnt ein gut riechendes Zimmer.
- Sie reagiert mit Verständnis auf Fridolins Zurückweisung ihres Liebesangebots. Ihre Rücksicht und Einsicht, ihn nicht anzustecken, erweist sich als berechtigt: Wegen Syphilis ist sie bei Fridolins zweitem Besuch bereits in der Klinik.

- Fridolin bewertet sie von allen Begegnungen mit Frauen dieser Nacht am höchsten: Sie war »das anmutigste, ja geradezu das reinste« Mädchen von allen (S. 81).

- Pierrette trägt das Kostüm einer »Pierrette« (S. 38) und hat nur diesen Typen-Namen der Figur der *commedia dell'arte*.
- Sie trägt weiße Seidenstrümpfe, eine Perücke, hat ein weißgepudertes Gesicht mit schwarzen Schönheitspflästerchen.
- Sie ist fast noch ein Kind, aber raffiniert-kokett, schmeichlerisch, wirft sich in Fridolins Arme, um seine Beschützerinstinkte vor dem schimpfenden Vater zu wecken.
- Dass alles nur Komödie ist, versteht Fridolin bei der Rückgabe des Kostüms: Gibiser verkuppelt die Kindfrau an Männer.

- Die unbekannte Schöne tritt als Nonne mit verschleiertem Gesicht auf, aus dem nur ein blutroter Mund und dunkle Augen herausleuchten.
- Sie hat einen duftenden nackten strahlenden Körper, der Fridolins Begierde ins Unermessliche wachsen lässt.
- Ihre Identität bleibt stets verhüllt.
- Warum sie Fridolin warnt, bleibt unklar.
- Ihr Opfer, das wahrscheinlich ihren Tod nach sich zieht, spielt sich nach den eisernen Statuten der geheimen Gesellschaft ab.
- Dass sie nicht als Individuum gesehen werden kann,

macht sie zu einer Allegorie der ›Frau Welt‹, die von vorne körperlich reizvoll und anziehend ist, deren Rückseite aber Verwesung und Tod zeigt. Sie steht damit als Allegorie im Spannungsfeld von Eros und Thanatos.

- Selbst in der Anatomie kann Fridolin die Leiche der unbekannten Schönen in der beginnenden Verwesung nicht mehr identifizieren.

- Alle Frauen, denen Fridolin in dieser Nacht begegnet, führen über den Verfall der Jugend zur tödlichen Krankheit, in die Scheinwelt der Typenkomödie und schließlich zur Frau Welt, der Allegorie von Liebe und Tod.
- Das Urteil Fridolins über seine Frau kann am Ende seiner Odyssee nicht mehr bestehen.

Aufgabe 2

Das Berufsbild des Arztes ist eines der Themen der *Traumnovelle.* Erörtern Sie, welche Arzttypen Schnitzler in der Novelle zeigt. Welche Rolle nimmt Fridolin ein? Lesen Sie den Textausschnitt von Michaela L. Perlman zu Schnitzlers Bild des Arztes (S. 123 f.) und vergleichen Sie abschließend die Darstellung mit den Arzttypen der Novelle.

Lösungshinweise

- Nachtigall, der ehemalige Kommilitone Fridolins, ist von seiner Herkunft als Sohn eines Branntweinschenkers in der Zeit um 1900 nicht für ein Studium prädestiniert. Er hat weder finanzielle noch ideelle Unterstützung und muss seinen Lebensunterhalt mit Klavierspielen verdienen. Daher scheitert er am Medizinstudium und führt jetzt eine schillernde Existenz als Klavierspieler in zum Teil zweifelhaften Engagements.
- Die Arztkollegen am Allgemeinen Krankenhaus Dr. Fuchstaler, Dr. Hügelmann und Dr. Adler erfahren unterschiedliche Wertschätzung: Dr. Fuchstaler, der Fridolin bei dessen Nachmittagsvisite vertritt, bleibt konturlos. Dr. Hügelmann hingegen hat sich in kurzer Zeit vom zweiten Assistenten zum Professor emporgearbeitet und ist als Chef der Augenabteilung vorgeschlagen.
- Dr. Adler ist ein ganz der wissenschaftlichen Forschung ergebener Arzt. Er forscht im Bereich der Histologie und obwohl er tagsüber Dienst im Krankenhaus macht, verbringt er die Nächte mit Gewebserforschung mit Hilfe neuester Färbemethoden am Mikroskop. Er arbeitet vermutlich an einer Abhandlung über Histologie, die ihn sicher auf der Karriereleiter zur Dozentur aufsteigen lässt.
- Fridolin hingegen hat für sich einen bequemeren Weg gewählt: Als Arzt mit einer Privatpraxis und einer Teilverpflichtung an der Klinik lebt er sorgenfrei. Er

beneidet alle, die eine wissenschaftliche Karriere angestrebt und erfolgreich abgeschlossen haben (Dr. Roediger, Dr. Hügelmann). Wenn ihm diese Aufstiegskollegen begegnen, beschließt er jeweils, seine angefangenen wissenschaftlichen Studien weiterzutreiben und zu vollenden. Albertine belächelt diese immer wieder vorgetragenen Entschlüsse, denn sie weiß, dass Fridolin den bequemen Weg bevorzugt.

- Seine Haltung zur psychisch verstörten Marianne entspricht nicht der Fürsorge für die Tochter eines langjährigen Patienten.
- Er vernachlässigt seine ärztlichen Pflichten, um nach der begehrten Unbekannten zu forschen. In der Nacht begibt er sich – wieder auf der Suche nach der geheimnisvollen Baronin D. – unter falschen Vorgaben und mit rein persönlichem Interesse in das pathologisch-anatomische Institut.

- Schnitzler unterscheidet humane Medizin, in der der Mensch nicht zur Sache wird, und Humanmedizin, die die Forschung wissenschaftlich vorantreibt wie etwa Dr. Adler, der die Verstorbenen sarkastisch nur nach ihrer Krankheit benennt.
- Humane Medizin betrachtet den leidenden Menschen in seiner Gesamtheit und zeigt dafür auch Empathie. Fridolin entspricht nur zum Teil dieser Idealvorstellung. Fridolin kann die ethische Komponente seines Berufs nicht ganz von seinen privaten Kränkungen durch seine Frau trennen. Daher kann er auch seine eigenen Ängste vor Verletzungen, Ansteckungen und

dem Tod nicht verdrängen. Er repräsentiert die Figur eines mittelmäßigen Arztes.

Aufgabe 3

Lesen Sie S. 18, Z. 21 – S. 19, Z. 25. Interpretieren Sie die Textstelle und ordnen Sie diese in den Zusammenhang ein. Erörtern Sie den Gegensatz von Eros und Thanatos und vergleichen Sie damit andere Textstellen der Novelle, in denen die Antinomie von Liebe und Tod eine Rolle spielt.

Lösungshinweise

- Fridolin, verärgert und in seiner Mannesehre durch die sexuellen Wunschgedanken seiner Frau gekränkt, trifft auf Marianne am Totenbett des Vaters. Ihr plötzliches Liebesgeständnis an ihn kontert er mit Gedanken an eine psychische Erkrankung – Hysterie.
- Er denkt an einen Roman mit einer gewaltsamen Liebesszene am Totenbett einer Mutter.
- Er denkt auch an Albertine und deren Wunschgedanken von der außerehelichen Beziehung zu einem Dänen im letzten Sommerurlaub. Der hier leicht möglichen Revanche, also Sex mit Marianne, stehen der ihn anwidernde Geruch Mariannes und der tote Vater im Weg. Der Tote könnte möglicherweise scheintot sein oder die beiden noch hören können. Der eintreffende Verlobte erlöst Fridolin aus seinem Dilemma.

- Auch bei der Dirne Mizzi diagnostiziert er in deren Blässe eine wohl mit Tod endende Krankheit. Daher weist er ihre Liebesdienste zurück.
- Im Kaffeeaus liest er in der Zeitung vom Selbstmord eines jungen Mädchens. Dabei sitzt Nachtigall ihm gegenüber, der gleich mit seinen verlockenden Andeutungen von Liebesabenteuern in einer geschlossenen Gesellschaft spricht.
- Auf dem Maskenfest wird Fridolin sofort von einer unbekannten Schönen als Eindringling identifiziert. Mehrfache Warnungen, die auch die Gefahr des Todes deutlich ansprechen, falls er das Fest nicht verlässt, steigern Fridolins Todesmut, allen Gefahren zum Trotz bei der von ihm begehrten schönen Frau zu bleiben.
- Auch der schwarze Fiaker, »Trauerwagen« (S. 41), hinter dem Fridolin zur Villa fährt, der schwarz ausgeschlagene Saal, in dem wenig später die Orgie stattfindet, die rotgeschminkten Münder der verschleierten Frauen verdichten die Symbolik von Liebe und Tod.
- Der Gegensatz von Liebe und Tod begegnet Fridolin in drastischer Form in der Totenkammer. Er hat den Tag über nach der von ihm heiß begehrten Frau vergeblich gesucht; jetzt findet er eine mit Gift getötete Frau in der Anatomie. Sein makabres Liebesspiel mit den Fingern der Leiche unterbricht der Kollege Adler entsetzt.
- Fridolin gewinnt die Erkenntnis, dass diese Tote allen Liebreiz der Nacht bereits verloren hat und in Verwesung übergeht.
- Albertines Traum zeigt in zwei erschreckenden Bildern den Gegensatz von Liebe und Tod: Fridolin stirbt

am Kreuz, während Albertine in den Armen des Dänen und anderer Männer liegt und den Sterbenden verlacht.

Aufgabe 4

Albertine findet die Maske, die Fridolin aus dem Paket mit dem ausgeliehenen Kostüm geglitten ist. Gestalten Sie Albertines Gedanken und Vermutungen in einem Inneren Monolog und Erlebter Rede, bevor sie sich entschließt, die Maske auf Fridolins Kopfkissen zu legen.

Lösungshinweise

- Albertine erkennt, dass die in der Ordination aufgefundene Maske ihr unbekannt ist.
- Fridolin ist schon die zweite Nacht nicht nach Hause gekommen. Wo war er außer beim kranken Hofrat? Hat er eine Geliebte?
- Sie denkt über seine Verstimmung nach, als sie vom Dänen sprach oder vom Abend vor der Verlobung.
- Sie wundert sich, dass er von einem schon Verstorbenen erst nachts um 4 nach Hause kommt und keine plausible Erklärung dafür hat.
- Sie denkt an sein Schweigen nach ihrer Traumerzählung.
- Sie erinnert sich an seine erregte Stimmung beim Mittagessen und vor allem daran, dass er vor ihrer liebko-

senden Hand zurückschreckte und wie ein Alibi die kleine Tochter auf den Schoß zog.

- Er ging wie befreit in die Ordination und verschwand danach, ohne sich zu verabschieden.
- Sie schließt, dass hinter dieser Maske und der ungewöhnlichen Stimmung ihres Mannes sich Geheimnisse verbergen, die er vielleicht beim Anblick der Maske preisgibt, wenn diese auf seinem Kissen liegt.

10. Literaturhinweise/Medienempfehlungen

Einen sehr guten Überblick zu den zahlreichen Interpretationen zur *Traumnovelle* für Interessierte gibt:

Arthur Schnitzler Bibliografie auf der Projektseite von »Arthur Schnitzler digital. Digitale historisch-kritische Edition (Werke 1905–1931)«: www.arthur-schnitzler.de/biobibliographika/datenbanken

Arthur-Schnitzler-Bibliografie des Arthur-Schnitzler-Archivs Freiburg (ASAF) der Universität Freiburg: https://schnitzler.ub.uni-freiburg.de

Textausgabe

Schnitzler, Arthur: Traumnovelle. Hrsg. von Sabine Wolf. Stuttgart: Reclam, 2021. (Reclam XL. Text und Kontext. 16130.) – *Auf diese Ausgabe bezieht sich der vorliegende Lektüreschlüssel.*

Zur Biografie des Autors

Fliedl, Konstanze: Arthur Schnitzler. Stuttgart: Reclam, 2005. (Universal-Bibliothek. 17653)

Jürgensen, Christoph / Lukas, Wolfgang / Scheffel, Michael (Hrsg.): Schnitzler-Handbuch. Leben – Werk – Wirkung. Stuttgart: Metzler, 2014.

Schnitzler, Arthur: Aphorismen und Betrachtungen. Hrsg. von Robert O. Weiss. Frankfurt a. M.: S. Fischer, 1967. [zitiert als Aphorismen]

Schnitzler, Arthur: Jugend in Wien. Eine Autobiographie. Hrsg. von Therese Nickl und Heinrich Schnitzler. Mit einem Nachwort von Friedrich Torberg. Wien/München/Zürich: Molden, 1968. [zitiert als Jugend in Wien]

Schnitzler, Arthur: Tagebuch 1879–1931. Hrsg. von der Kommission für literarische Gebrauchsformen der Österreichischen Akademie der Wissenschaften. 10 Bde. Wien: Verlag der Österreichischen Akademie der Wissenschaften, 1981–2000. [zitiert als Tagebuch]

Schnitzler, Arthur: Medizinische Schriften. Zusammengestellt und mit einem Vorwort samt Anmerkungen versehen von Horst Thomé. Wien/Darmstadt: Zsolnay, 1988. [zitiert als Medizinische Schriften]

Schnitzler, Arthur: Träume. Das Traumtagebuch 1875–1931. Hrsg. von Peter Michael Braunwarth und Leo A. Lensing. Göttingen: Wallstein, 2012. [zitiert als Träume]

Zur Kulturgeschichte der Wiener Moderne

Freud, Sigmund: Die Traumdeutung. Eine kommentierte Auswahl. Hrsg. von Jens Heise. Stuttgart: Reclam, 2019. (Reclams Universal-Bibliothek. 19588.)

Schübler, Walter: »Komteß Mizzi«. Eine Chronik aus dem Wien um 1900. Göttingen: Wallstein, 2020. [zitiert als »Komteß Mizzi«]

Wunberg, Gotthart (Hrsg.): Die Wiener Moderne. Literatur, Kunst und Musik zwischen 1890 und 1910. Stuttgart: Reclam, 1981. (Reclams Universal-Bibliothek. 7742.)

Ausgewählte Sekundärliteratur zur *Traumnovelle*

Einen sehr guten Überblick über die Sekundärliteratur zu Schnitzlers Werk gibt die Arthur-Schnitzler-Bibliografie des Arthur-Schnitzler-Archivs Freiburg (ASAF) der Universität Freiburg:
https://schnitzler.ub.uni-freiburg.de (Stand: 24. 5. 2022).

Aurnhammer, Achim: Arthur Schnitzlers Intertextuelles Erzählen. Berlin/Boston: de Gruyter, 2013. (linguae & litterae. 22.)

Heizmann, Bertold: Erläuterungen und Dokumente. Arthur Schnitzler: Traumnovelle. Stuttgart: Reclam, 2006. (Reclams Universal-Bibliothek. 16054.)

Kim, Hee-Ju: Traumnovelle. Maskeraden der Lust. In: H.-J. K. / Günter Saße (Hrsg).): Interpretationen. Arthur Schnitzler: Dramen und Erzählungen. Stuttgart: Reclam, 2007. (Reclams Universal-Bibliothek. 17532.) S. 209–229.

Schnitzler und der Film

Arthur Schnitzler und der Film. Hrsg. von Achim Aurnhammer, Barbara Beßlich und Rudolf Denk. Würzburg: Ergon, 2010. (Akten des Arthur-Schnitzler-Archivs der Universität Freiburg. 1. Klassische Moderne. 15.)

Schnitzler, Arthur: Filmarbeiten. Drehbücher, Entwürfe, Skizzen. Hrsg. von Achim Aurnhammer [u. a.]. Würzburg: Ergon, 2015. (Akten des Arthur-Schnitzler-Archivs der Universität Freiburg. 4. Klassische Moderne.

25.) S. 525–564. – *Interessante Informationen zu Schnitzlers Drehbuchentwurf von 1930.*

Filmadaptionen

Traumnovelle (1969, Österreich). Regie: Wolfgang Glück. Drehbuch: Wolfgang Glück und Ruth Perry. Besetzung: Karl Böhm als Fridolin, Erika Pluhar als Albertine. Laufzeit: 75 min.

Eyes Wide Shut (1999, USA). Regie: Stanley Kubrick. Drehbuch: Stanley Kubrick und Frederic Raphael. Besetzung: Tom Cruise, Nicole Kidman. Laufzeit: 153 min. FSK: 16 Jahre.

Zu Schnitzlers Drehbuchentwurf von 1930:

Ausgewählte Sekundärliteratur zu den Filmadaptionen

Hanuschek, Sven: Traumnovelle (Arthur Schnitzler – Stanley Kubrick). »All diese Ordnung, all diese Sicherheit des Daseins nur Schein und Lüge«. In: Anne Bohnenkamp / Tilman Lang (Hrsg.): Interpretationen. Literaturverfilmungen. Stuttgart: Reclam, 2005. (Reclams Universal-Bibliothek. 17527.) S. 177–184.

Schnitzler, Arthur: Traumnovelle. Die Novelle. Stanley Kubrick / Frederic Raphael: Eyes Wide Shut. Das Drehbuch. Aus dem Englischen von Frank Schaff. Frankfurt a. M.: Fischer, 1999. (Fischer Taschenbuch. 14369.)

Adaption als Graphic Novel

Hinrichs, Jakob / Schnitzler, Arthur: Traumnovelle. Eine Graphic Novel. Frankfurt a. M. [u. a.]: Edition Büchergilde, 2012.

Hörspiel und Hörbuch

Die Traumnovelle von Arthur Schnitzler (Deutschland, 2018). Regie: Katja Langenbach. Komposition: Roderik Vanderstraeten.
www.br.de/mediathek/podcast/hoerspiel-pool/die-traumnovelle-von-arthur-schnitzler/1133386
(Stand: 24. 5. 2022).

Schnitzler, Arthur: Die Traumnovelle. Gelesen von Hans Sigl. München: Sony Music, 2017. (Reclam Hörbücher.)

11. Zentrale Begriffe und Definitionen

Allegorie: griech., ›bildlicher Ausdruck‹; bildhafte Darstellung eines abstrakten Begriffs in der Bildenden Kunst und Literatur. Im Theater treten Allegorien als Personifikationen auf wie Liebe und Tod als Frau Welt.

➤ S. 46, 133

Anachronie: Umstellung der chronologischen Reihenfolge eines fiktionalen Textes B–A–C statt A–B–C.

Analepse: besondere Form der ➤ Anachronie. Ein vor der *in medias res*, also direkt eingeführten Handlung der Novelle liegendes Ereignis wird ergänzt, damit die folgende Handlung verständlich wird. Damit ist eine Rückblende oder Rückschau erreicht.

➤ S. 13, 52, 66, 70, 120

Austriazismus: Bezeichnung für in Österreich gebräuchliche sprachliche Varianten des Deutschen, die in den anderen deutschen Sprachgebieten als typisch österreichisch wahrgenommen werden. Die sprachlichen Formen bilden damit wichtige Elemente des gesprochenen und geschriebenen Deutsch in Österreich auf den Ebenen der Aussprache, des Wortschatzes, des Satzbaus und der Stilistik. Die Einordnung der sprachlichen Eigenheiten kann als Stadtmundart (Dialekt) oder als standessprachliche oder gruppensprachliche Eigenheit (Soziolekt) beschrieben werden.

➤ S. 65

Bacchanal: Den Gott Dionysos, auch Bacchus genannt, unter anderem Gott des Weines und der Ekstase in der griechischen Mythologie, begleiten Bacchantinnen, die wild tanzen. Ein Bacchanal ist daher eine ausschweifende Orgie mit Musik und Tanz.

➤ S. 20

Commedia dell'arte: italienische Stegreifkomödie mit feststehendem Szenar (= grobe Skizze des Handlungsverlaufs als Merkzettel für die Spieler). Die Darsteller und Darstellerinnen sind festgefügte Typen, die mit ihren erkennbaren Haltungen die Dialoge improvisieren und akrobatische Kunststücke einbauen. Zum Grundpersonal gehören z. B. Pantalone, der einfältige, aber gerissene Alte, der sein Mündel verkuppeln will (hier Gibiser), Arlecchino, im Französischen Pierrot, der pfiffige Diener, und Columbina/Pierrette, dessen Geliebte.

➤ S. 39, 45

Deiktisch/Deixis: Die Sprache selbst übernimmt die Zeigefunktion auf Personen, Zeit und Ort. Der Blickwinkel einer Erzählung ist durch die Verwendung von Demonstrativpronomina (»dieses blasse[] Mädchen[]«, S. 15) ausschließlich auf die Sicht und die Wahrnehmung einer Figur beschränkt.

➤ S. 67

Dingsymbol: Gegenstand von symbolischer Bedeutung, der an wichtigen Stellen im Text wiederholt erscheint; typisches Merkmal der Novelle.

➤ S. 52 f., 56–65

Doppelnovelle: Schnitzler verwendet den Begriff durch die lange Entstehungszeit hindurch als Arbeitsbegriff. Sogar durch seine Träume und Traumanalysen geistert der Begriff als belastende Aufgabe des Schreibens. Die Bezeichnung verweist auf die zwei Hauptfiguren, auf den doppelten Höhepunkt sowie den zweifachen Weg (doppelten

Cursus) Fridolins in der Nacht und am Tage. Die Doppelfiguren und Verdopplungen der Novelle sind mit dem Begriff ebenfalls erfasst.

➤ S. 52 f., 77

Erlebte Rede: Darstellung einer ausgesprochenen oder nur gedachten Figurenrede in der 3. Person Singular Präteritum Indikativ, ohne Redeeinleitung.

➤ S. 67 f., 112

Eros und Thanatos: Das Begriffspaar bedeutet Lebenstrieb und Todestrieb. In der Persönlichkeitstheorie Sigmund Freuds ist damit die unterste Stufe, das Es, gemeint.

➤ S. 64 f., 96 f., 110

Erzählsituation/Erzählperspektive:

a) **Auktoriale Erzählperspektive:** Der auktoriale Erzähler steht über dem Geschehen. Er kennt Vergangenheit und Zukunft seiner Figuren. Er gibt Vorausdeutungen und Rückblicke, sieht ins Innere seiner Figuren. Er kann sich mit Kommentaren einmischen, tritt selbst als Erzählerfigur auf und zeigt seine Allwissenheit.

b) **Neutrale Erzählperspektive:** Auch der neutrale Erzähler überblickt das Erzählte, er kann zurückblicken und vorausschauen, aber er schaltet sich nicht als allwissende Figur ein, tritt nicht auf.

c) **Personale Erzählperspektive:** Der personale Erzähler berichtet das Geschehen aus dem Blickwinkel einer Figur, er kennt nur deren Gedanken und Sichtweisen des Geschehens.

d) **Ich-Erzähler:** Erzählerfigur und handelnde Figur (Ich) sind identisch.

➤ S. 48, 66–68, 100

Erzählzeit: Zeitdauer, die für die Darstellung der Geschichte aufgewendet wird. Sie wird in Seitenzahlen gemessen.
➤ S. 68 f.

Erzählgeschwindigkeit: quantitatives Verhältnis von ➤ Erzählzeit und ➤ erzählter Zeit:

Szene: Erzählzeit = erzählte Zeit

Dehnung: Erzählzeit > (länger als) erzählte Zeit

Raffung: Erzählzeit < (kürzer als) erzählte Zeit

Ellipse: Zeitsprung

Pause: Erzählzeit länger als erzählte Zeit (lange eingeschobene Reflexionen)
➤ S. 70–72

Erzählte Zeit: Zeitdauer der erzählten Geschichte.
➤ S. 68 f.

Figur: in einem fiktionalen Text dargestellte Gestalt, über deren Wesen, Gedanken und Leben in Vergangenheit und Zukunft der Leser je nach Erzählperspektive mehr oder weniger erfährt.
➤ S. 25–28

Graphic Novel: Eine beliebte aus den USA übernommene Bezeichnung für verschiedene Formen von Comics im Buchformat. Längere komplexere Geschichten werden erzählt, die vom Anspruch her sich mit Novellen vergleichen lassen. Die Stilarten der Zeichnungen reichen von traditionellen Comicformaten zu experimentellen Ausformungen.
➤ S. 126 f.

Innerer Monolog: eine Form der Darstellung von Figurenbewusstsein in der 1. Person Präsens Indikativ ohne Redeeinleitung.
➤ S. 67 f., 111 f.

Intermedialität: Damit ist der Bezug eines literarischen Textes zu einer medialen Adaption gemeint. Der Begriff setzt einen sehr offenen und dynamischen Medienbegriff voraus. Strukturell kann ein Medium (Film, Dramatisierung, Graphic Novel) mit dem Text durch Anspielungen, Zitate oder Verweise oder mehrere Medien einschließlich digitaler Formen verbunden werden. Schnitzler hat als begeisterter Kinozuschauer und Kinotheoretiker von Anfang an das filmische Sehen in seine Überlegungen z. B. als Verfasser von Drehbüchern einbezogen.

➤ S. 120–127

Intertextualität: Der Begriff bedeutet allgemein den Bezug eines Textes auf einen oder mehrere »fremde« Texte, was entscheidend zum Sinngehalt und zum Verständnis des Ausgangstextes beiträgt. Formal ist der Einzeltextbezug, also die Verbindung zu einem bestimmten Vorbildtext vom Systembezug, als dem Bezug auf eine bestimmte Gattung, zu unterscheiden. Zitate, Anspielungen und Übertragungen zeigen, dass Texte nicht autonome Kunstwerke darstellen, sondern aus einem Bündel von Übernahmen aus anderen Texten bestehen.

➤ S. 100–102, 105–107

Leitmotiv: Der Begriff wurde zunächst in der Musik verwendet für einen bestimmten Gestaltteil (Melodie oder Rhythmus), der an prägnanten Stellen der Handlung wiederkehrend an eine Sache (z. B. *Das Rheingold*) oder an eine Figur (z. B. Brünnhilde) erinnert. Carl Maria von Weber und besonders Richard Wagner ebenso wie viele Programmmusiker (*Die Moldau*) haben das Leitmotiv verwendet. Der Begriff wird in die Literatur übernommen für formelhaft wiederkehrende Motive, die, an bezeichnenden Stellen gesetzt, die Bedeutung verstärken und damit auch das Textgefüge sinnstiftend verknüpfen.

➤ S. 56–65

Metapher: griech., ›Übertragung‹. Eine Wortgruppe wird aus einem anderen Bedeutungszusammenhang auf einen anderen, im entscheidenden Punkt vergleichbar, übertragen. Beispiel: »Du bist eine Mimose« = »ein empfindlicher Mensch«.

➤ S. 60 f.

Novelle: ital. *novella* ›Neuigkeit‹; seit der Renaissance literarische Bezeichnung für eine kürzere Prosaerzählung mit stringentem dramatischen Aufbau. Seit dem 19. Jahrhundert oft mit einem Dingsymbol poetisch erhöht.

➤ S. 51–54, 75–79

Odyssee: Der Begriff kommt von Homers Epos *Odyssee*. Odysseus wird durch die rächenden Götter 10 Jahre ziellos durch die Meere gejagt, ohne selbstbestimmt auf seine Fahrten Einfluss nehmen zu können. Zurückgekehrt in die Heimat Ithaka erzählt er als Abenteurer, Ehemann und Frauenheld seiner Frau von seiner Odyssee.

➤ S. 15, 21, 26 f., 52 f., 105–107

Prolepse: Vorausdeutung. Ein zukünftiges Ereignis wird vorwegnehmend erzählt.

➤ S. 57

Wiener Moderne: Blütezeit der literarischen Produktion in Wien um 1900. Die Bezeichnung »Wiener Moderne« ist Teil der literarischen Klassik der Moderne und kann als Gegenbewegung europäischer Kunstströmungen zum

Naturalismus verstanden werden. Enge Verbindung zu den anderen Künsten Musik, Kunst und Architektur im Zeichen des Fin de Siècle.

➤ S. 9, 73, 85 f., 105